나라는 여자

■ 이 도서의 국립중앙도서관 출판시도서목록(CIP)은
e-CIP 홈페이지(http://www.nl.go.kr/ecip)와
국가자료공동목록시스템(http://www.nl.go.kr/kolisnet)에서 이용하실 수 있습니다.
(CIP제어번호: CIP 2013003004)

나라는 여자

소녀가 어른이 되기까지 새로운 개인의 탄생

임경선

마음산책

나라는 여자

1판 1쇄 발행 2013년 4월 15일
1판 8쇄 발행 2019년 6월 5일

지은이 | 임경선
펴낸이 | 정은숙
펴낸곳 | 마음산책

등록 | 2000년 7월 28일(제13-653호)
주소 | (우 121-840) 서울시 마포구 잔다리로 3안길 20(서교동 395-114)
전화 | 대표 362-1452 편집 362-1451   팩스 | 362-1455
홈페이지 | http://www.maumsan.com
블로그 | maumsanchaek.blog.me
트위터 | http://twitter.com/maumsanchaek
페이스북 | http://www.facebook.com/maumsanchaek
전자우편 | maum@maumsan.com

ISBN 978-89-6090-158-2 03810

* 책값은 뒤표지에 있습니다.

내가 자신의 결핍을
정면으로 바라보거나 받아주지 않는다면
대체 이 세상에서 누가 그걸
받아줄 수 있단 말인가.

책을 내면서

가장 나다운 나

마음과 기억 속에 깊이 각인된 지난날의 가장 연하고 취약한 풍경들을 소중히 담았다. 너무 좋아하는 사람 앞에 섰을 때 왠지 슬픈 느낌이 들어 절로 한숨이 새어나오듯, 잔한숨을 조금씩 몰아쉬며 썼던 것 같다. 무엇보다 글을 쓰면서 안 괜찮아도 괜찮은 척, 센 척하지 않아도 되어서 좋았다. 이젠 어른이라는 증거였다.

외로움을 잘 타던 그 여자아이는 자라 홀로 서는 것을 두려워하지 않는 어른이 되어왔다. 주어진 운명과 스스로 만들어가는 운명 사이에서 때로는 혼란스러웠지만 그래도 입술을 굳게 닫고 앞을 향해 걸어 나가며 가장 나다운 삶의 태도를 깨우쳐가기로 했다. 불평할 수는 없었다. "넌 그냥 달라"라는 말이 한때는 나를 외롭게 만든 상처의 말이었지만 이제는 '다른' 내가 그 누구도 아닌 나임을 안다. 우리 모두는 서로와 다르기에 저마다의 빛으로 빛날 수 있는 것이다. 자신의 전혀 잘나지 않은 미흡한 부분들이야말로 스스로를 더 사려 깊게 설명한다. 내가 사랑하는 것은 그러한 불완전함 속에서도 열심히 살아낸 인생이 얻게 되는 자연스러운 받아들임과 깨달음이다.

후회가 전혀 없다면 거짓말이겠다. 하지만 만약 지난날로 돌아갈 수 있다 해도 난 아마 똑같은 길을 그대로 거슬러 올라 더도 덜도 아닌 지금의 내 모습으로 살아갈 것이다.

2013년 봄
임경선

차례

책을 내면서 6

수줍은 자신감

외동딸이던 시절 15
이코노미 클래스 키드 24
눈 감은 남자 30
외국 병원에서의 나날 39
청춘의 기나긴 겨울 48
서점에서 사진 찍기 59

늘 연애하는 여자

브라질리안 댄스파티 69
너의 결핍을 좋아하니까 76
청춘의 합숙 82
늘 연애하는 여자들은 뭐가 다를까 89
장남, 차남 그리고 막내외아들 96
섬세하고 예민한 남자 100
선 긋기 108
사랑은 얼마나 자의적인가 118

새로운 개인의 탄생

개인의 탄생 **125**
피부색의 차이 **131**
개인성의 예의 **138**
서가에서 우린 만났지 **144**
교복 입은 여고생들 **147**
유태인 동네의 동양인 아가씨 **155**
나를 표현해도 되는 기쁨 **160**
엑스맨 기숙사 **167**
누군가의 인생을 상담한다는 것 **171**

나는 정말 행복해지고 싶을까

전학생 정서 **179**
어른 남자가 내게 가르쳐준 것 **184**
나는 왜 차였나 **189**
인생은 직선이 아니니까 **195**
독자와 연애하기 **199**
나는 정말 행복해지고 싶을까 **205**

현실주의자의 꿈

아름다운 이별은 존재하는가 **215**
속 깊은 이성친구의 필요성 **225**
우연한 전직 **231**
내가 원하는 것을 알아가는 어려움 **240**
현실주의자의 꿈 **248**
행복한 가회동 길 **258**

에필로그 **266**

가끔 이런 생각을 했다.
사랑은 얼마나 자의적인가.
우리는 서로를 사랑하는 게 아니라,
각자 나는 그 사람을 사랑하고
그 사람은 나를 사랑하는 것이다.

수줍은 자신감

외동딸이던 시절

　엄마가 여자였던, 아빠가 남자였던 한 시절이 있었다. 더불어 내가 외동딸이던 시절이.
　포르투갈 리스본대학교에 이 년 예정으로 포르투갈어를 공부하러 떠난 아빠는, 첫해 혼자서 유학 생활을 하다가 무슨 이유에서인지 이듬해 엄마를 리스본으로 불러들였다. 오십 명도 채 안 되는 리스본의 한인 교민들과 이국에서의 적적함을 달래며 어울려 찍은 사진들을 보내올 때마다 묘령의 유학생 아가씨가 아빠 옆에 애교 있게 붙어 있었는데, 그것이 이 가족의 재회와 모종의 관계가 있었는지는 모르겠다.
　아빠가 엄마를 불러들였는지, 아니면 엄마가 뭔가 마음에 걸리는 게 있어 큰마음 먹고 가겠다고 나섰는지는 모르겠지만, 어쨌든 엄마는 시부모님과 큰딸과 아들을 서울에 두고 막내딸인 나만 데리고 떠나기로 결심했다.

　리스본 공항에 도착한 날, 아파트에 짐을 푼 후 나는 여행의 피로로 까무룩 낮잠이 들었는데 일어나서 보니 이미 밖은 노을이 지고 있었다. 처음 보는 낯선 방, 늘 언니와 좁은 방을 같이 썼던 터라 나만의 이 유럽식 인테리어 방은 생경하기만 했다. 천장은 너무 높고 침대는 킹 사이즈인 데다 벽에는 칙칙한 인물화들이 걸려 있어 나도 모르게 울먹거렸다. 조심조심 방문을 열고 복도를 한참 지나 안방 문손잡이를 틀어 문틈으로 엿보니 엄마와 아빠는 이불 속에서 도란도란 대화를 나누고 있었다. 이불 밖으로는 맨 어깨가 드러나 있었다. 뜬금없이 엄마와 아빠가 고등학교 시절 '숀'과 '마리아'라는 이름으로 서로에게 연애편지를 썼다는 것이 기억났다. 엄마는 어린 나에게 편지를 꺼내 보여주며 자랑을 하곤 했다.

　"선이, 깼어? 왜 울어……. 열 살인데도 우리 막내는 아직 아기구나."

　야단맞기는커녕 엄마는 귀엽다는 듯 나를 보고 미소 지었고, 아무렇지도 않게 웃옷을 걸치더니 아빠를 침대 밖으로 슬그머니 내몰고는, 문 앞에 서 있는 내게 뜨끈하게 데워진 그 빈자리로 들어오라고 손짓했다. 몹시 평화롭고 안도에 찬 엄마의 표정에 나도 안심이 되어 아기처럼 엄마 품에 안겨 잠을 마저 청했다. 그땐 미처 몰랐지만 그것은 아마도 내 동생이 생길 수도 있는 정황이었던 것 같다. 그러고 보니 당시의 엄마는 지금의 나처럼 마흔이셨다…….

아빠가 남자구나, 그것도 꽤 잘생긴 남자구나, 라고 처음 의식한 것은 리스본에서였다. 그는 사슴 같은 눈망울에 수줍음이 더해진, 달짝지근하게 '예쁜' 남자였다. 불과 일 년 전, 그가 서울에서 광화문 정부종합청사를 다닐 때 서류를 전하러 엄마와 함께 청사로 찾아간 적이 있었다. 감청색 양복에 흰 와이셔츠를 입은 그는 사무실에서 복도로 나와 인사도 안 하고 무뚝뚝한 표정으로 서류 봉투를 확인하고는, 막내딸 한 번 흘끗하더니 고개 끄덕이고 다시 사무실 안으로 사라졌다.

이곳 리스본에서는 온화한 포르투갈 날씨에 걸맞게 구깃구깃한 면셔츠에 면바지, 그리고 어깨에는 빨간색 울스웨터를 두르고 가끔은 겉멋으로 뻥끗뻥끗 담배를 태우기도 했다. 집에서는 리처드 클레이더만의 피아노 앨범이나 아바의 골든 앨범을 들었고 취미로 찍는 들꽃 사진을 보며 색연필로 스케치를 하기도 했다.

결혼을 일찍 한 아빠는 아무리 생각해도 너무 이른 나이에 아이 셋을 책임진 것 같았다. 서울에 남아 중학교를 다니고 있던 언니와 오빠한테는 미안한 얘기지만 내가 첫째로 태어났어야 저 남자는 숨통 트여 살지 않았을까, 라는 생각이 든다. 이것으로 당시 외동딸로서 내가 누렸던 여러 특권들을 합리화할 수 있을까?

방과 후의 풍경은 늦깎이 유학생에게 제법 평화롭고 나른했다.

대학 수업이 일찍 끝나 나를 직접 데리러 오는 날에는 4학년 담임이었던 존 선생님과 일대일로 해가 저무는 가운데 농구 게임을 벌이기도 했는데, 나는 그 모습이 그렇게 멋있을 수가 없었다. 물론 실력 면에서, 체력 면에서 아빠는 단연 존 선생님보다 못했다. 미국인이니 학부형이라고 일부러 져주고 봐주지도 않았다. 그러나 서툰 대로 아빠는 웃고 뛰고 놀고 땀을 흘렸다.

도보 거리인 카르나시드Carnaxide 지역의 아파트로 아빠 손을 잡고 귀가하노라면 양떼지기가 수십 마리의 양떼를 몰고 그 역시도 퇴근하고 있었다. 양떼를 가로질러 집에 도착하면 엄마는 자주, 어울리지 않게 나른한 목소리로 외식을 하자고 아빠를 부추겼다. 우리 셋은 다시 신을 신고 집을 나서 부근의 작은 해물요리 식당에서 지글지글 갓 구운 정어리구이나 달팽이찜 혹은 담백한 대구구이와 감자찜을 먹었고 아빠는 원 없이 포르토Porto 와인을 마셨다.

여름날엔 엄마 손을 잡고 매일 리스본 해변에 가 시간을 보냈다. 비치타월 외엔 딱히 준비할 게 없었다. 나의 열 살짜리 몸은 하루가 다르게 쑥쑥 자라났다. 자고 일어나면 키가 한 뼘씩 커져 있었다. 가슴은 봉곳 솟아나려고 꿈틀대고 젖꼭지는 간질거렸다. 엉덩이만은 여전히 작고 납작해서 뒤에서 보면 소년 같은 일자 몸매였다. 머리도 쇼트커트로 친 나를 굳이 여자아이로 구분 지으려고 엄마는 꽃무늬 원피스 수영복을 입혔다. 모래는 입자가 미세하게 고와 비단처럼 매끄러웠고, 태양은 부담스럽지 않게 몸을 휘감 듯 적절히 따뜻했다. 바닷물은 늘 어딘가 미지근하게 데워진 상태였다. 왜 그렇게 모든 것이 몸에 편안하게 딱 알맞았을까? 나는 뭍에서 모래성을 쌓고 노는 것보다 내내 물속에 있는 것이 좋았다. 그런 것치고는 수영을 못해서 쉴 새 없이 파도를 타고 뭍으로 쓸려 오는 것을 반복하며 놀았다. 쓸려 올 때마다 손가락 마디마디에 해초가 붙어 나왔다.

햇살에 얼굴이 벌겋게 익고 입술이 소금기에 절어서 짭짜름하다 못해 부르트려고 해도, 엄마는 내가 스스로 물 밖으로 나오기 전까지는 해변 파라솔 아래에서 챙모자를 쓴 채 가만히 쉬고 있었다. 해가 지기 시작해서야 비로소 딸을 찾으러 물 가까이 왔다. 밤이 다가오니 순식간에 아까와는 사뭇 다른 한기가 느껴졌다. 엄마는 큰 비치타월을 내 몸에 돌돌 말아서 말리고 작은 타월로는 머리를 감싸 박박 물기를 빼냈다. 그동안 나는 점점 거칠어지는 파도 소리에 온 신경을 집중했다. 내일도 다시 이곳에 올 수 있게 해주세요, 나는 기도했다.

리스본대학교가 여름방학에 접어들자 세 가족은 남유럽 일주 여행을 떠났다. 황갈색 중고 푸조 자동차 트렁크에 된장과 고추장, 버너, 코펠을 싣고 가족은 달렸다. 자동차 여행의 낭만에 대해 사람들은 이야기하지만 자동차 유럽 여행을 이루는 것은 사실 낭만

보다는 노동이었다. 자동차 여행의 특징은 자동차 안에서 보내는 시간, 즉 '달리는' 시간이 대부분이라는 것이다. 그나마 곧 어떤 도시에 도착한다는 도로 안내판을 만나면 그것이 달리기를 드디어 멈춘다는 안도의 신호였다.

때로는 불쑥, 아무 예고도 없이 자동차는 갓길에 멈춰 섰다. 그런 후 엄마와 아빠는 내려서 아무 말 없이 적당한 나무 그늘을 찾았다. 대개 아담한 크기의 올리브나무 아래였다. 메뉴는 예외 없이 흰밥, 감자와 양파를 넣은 된장찌개, 그리고 고추장. 가끔 엄마가 풀밭 쪽으로 더 들어가서 고사리라도 발견하는 날이면 세 가족은 잠시 모든 여정을 잊고 고사리 캐는 작업에 몰두했다. 다음 끼니는 그렇게 고사리나물밥으로 변신했다. 밥이 물리면 바게트에 에멘탈 치즈와 햄을 끼워 먹기도 해서 중간중간 자동차 매트를 탈탈 털고 다녀야 했다.

근 삼 주간 여행을 다녔는데도 그사이 내가 무엇을 먹고 다녔는지에 대한 기억은 그 세 개의 메뉴와 또 하나, 스위스 국경에서 먹은 심플한 볼로네즈 스파게티가 다였다. 멀쩡한 식당에서 먹는 밥이 너무 오랜만이라 스파게티가 눈물 나도록 맛있었던 나는, 파르메산 치즈 가루를 뿌리는 것도 잊었다는 것을 먹고 나서야 깨닫고 그것 역시 눈물 나도록 속상해했다. 한 끼 식사에 대한 과잉된 기쁨과 분함의 기억이다.

낮에는 도시에 차를 멈추고 걸어서 돌아다녔지만 밤이 어두워지면 시간을 아끼기 위해 아빠는 시속 120킬로미터로 컴컴한 고속도로를 달렸다. 밤이면 밤마다 이어지는 지루한 밤길 드라이브에 지친 나는 그 흔들림 속에서 어슴푸레 잠이 들고 또 들었다. 잠결에 엄마 아빠가 나누는 대화 소리가 환청처럼 들렸지만 그것은 대개 아빠 졸지 말라고 엄마가 일부러 말을 거는 것이었다. 원래 두 분 다 말수가 많은 편도 아니었다. 고속도로를 한창 달리다가 차를 갓길에 세워놓고 아빠와 엄마가 의자를 뒤로 젖혀 한두 시간 눈을 붙일 때면, 하필 나 혼자만 말똥말똥 잠이 안 와 내가 기댈 곳은 엄마 아빠의 얕은 숨소리뿐인 이 적막 속에서 그저 숨을 죽이고 다이아몬드처럼 알알이 박힌 밤하늘의 하얀 별들을 물끄러미 지켜보고 있을 수밖에 없었다.

 심야에 가까운 시간, 졸음이 엄습해오기 전에 다행히 작은 소도시에라도 도착하면 아빠는 속도를 낮추고 눈에 띄는 별 한두 개짜리 호스텔 앞에 멈추었다. 삐걱거리는 계단이나 스프링이 나간 침대, 마귀할멈처럼 생긴 당직 지배인이 싫고 무섭고 잠이 잘 안 온다고 나는 투덜댔지만, 웬만한 것은 다 무시되고 덜컹거리는 침대 하나에서 셋이 나란히 비좁게 잠을 청했다. 그렇게 전반적으로 비위가 강했던 엄마 아빠도 식겁해서 고개를 설레설레 흔들 때가 있었다.

"나가자. 다른 델 가봐야겠다."

녹슨 철 소재의 침대와 병원 침구 같은 리넨, 거뭇거뭇하게 낡아서 곰팡이가 슨 벽지, 변기 안에서 중세 유럽 귀신이 나올 법한 비좁은 화장실을 보고는 방을 안내해준 지배인과 눈도 못 마주치고 "Pardon"이라 말하고 가족은 후다닥 도망쳐 나왔다. 정작 지배인은 그런 반응 그리 낯설지 않다는 듯 어깨를 으쓱하고 말았지만. 다른 호스텔을 찾아야만 하는 아빠는 힘없이 차에 시동을 걸었다.

유럽 자동차 여행 때 찍은 사진들을 보면 엄마와 내가 피곤한 얼굴에 같은 포즈로 배경만 바꾸어 찍은 것이 태반이다. 밤에 자다 깨다를 반복하니 낮에 늘 비몽사몽 졸린 모습으로 대성당과 박물관, 미술관 등을 보러 다녔던 것이다. 고작 열 살이었기 때문에 솔직히 당시 내 앞에 펼쳐진 많은 역사와 예술의 산물이 어떤 의미를 가지고 있는지 알 길이 없었다. 아무리 대가의 작품이라 한들 너무 많이 보다 보면 물리는 감도 없지 않았다. 나는 자주 그 특정 공간에서 유일한 눈 찢어진 동양 아이였기에 견학 나온 현지의 유치원생들로부터 "씨네즈!(중국 사람이닷!) 씨네즈!"라는 놀림을 받곤 했지만 그것이 차라리 당시의 지루함을 해소해주었다. 그럼에도 그 시절, 내가 무언가 무척 아름다운 것을 접했다는 감촉만은 여전히 내 안에 남아 있다.

그러나 정작 내 영혼에 어떤 '작용'을 한 것은 미켈란젤로나 피카

소나 레오나르도 다빈치가 아니라 올리브나무 잎사귀의 형언하기 어려운 아련한 초록색이라든가, 트렁크에서 꺼내 뚝딱 끓여낸 된장찌개의 뗇은 맛이라든가, 낯선 도시에 도착할 때마다 어렴풋이 달랐던 공기의 습도나 내음이라든가, 어린 날의 설익고 부드러운 내 몸을 찰싹 맵게 때리고 도망가던 파도의 그르릉대던 소리 같은 것들이었다.

이코노미 클래스 키드

　지금은 누구나 쉽게 해외여행을 하지만 내가 어렸을 때만 해도 해외여행이 자율화되기 전이라 비행기를 타본 경험이 있다는 것은 어린이로서 분명, 특권이었다. 그것도 한두 번도 아니고 열 손가락을 다 꼽아도 모자랄 만큼 비행기를 타보았다고 하면 한국에 살던 친구들은 부러움의 눈빛으로 쳐다보곤 했다.
　허나, 모든 것은 늘 상상하는 편이 더 근사하고 낭만적인 법이다. 아닌 게 아니라 우리는 '여행'이 아닌, '생활'을 하러 가기 위해 비행기를 탔기 때문이다. 우리 집 삼 남매는 한 아이당 세 개의 짐, 그러니까 배낭 메고 양옆에 영차, 나일론 가방 두 개를 주렁주렁 들고 엄마 뒤에서 '이민가방'을 함께 밀며 허둥지둥 공항 터미널을 누볐다. 큰 이민가방을 화물칸에 다 부치고 나서도 비행기 안에 들고 들어갈 짐은 여전히 한 사람당 세 개였다. 초과 비용을 내지 않으려면 어쩔 수 없었다. 무겁기도 무거웠지만 대기실 의자에 앉아 가방을 내려놓고 있다가 행여나 탑승할 때 깜빡하고 안 들고 타기라도 할까 봐 어린 마음에 긴장감과 부담감이 이루 말할 수가 없었다.

마침내 비행기 탑승 시간이 되어 이코노미석을 향해 쭉쭉 안으로 들어가려면 비즈니스석을 지나가야만 했다. 이미 먼저 널찍한 비즈니스 좌석에 등을 파묻고 창밖을 쳐다보거나 책을 읽다가 낑낑거리는 소음에 흘긋 쳐다보던 백인 아저씨들의 우드 계열 향수 냄새와 무기질적인 미소가 생각난다. 비즈니스석을 반드시 통과해야만 이코노미석으로 들어갈 수 있는 시스템에서 나는 늘 모종의 메시지를 읽었다.

'너도 노력하면 나중에 여기 앉을 수 있어.'

반면 시야에서 애초에 차단되어 있던 퍼스트 클래스는 또 다른 메시지를 주었다.

'여긴 아예 넘볼 일 없을 거야.'

겨우 그 비굴한 순간을 뚫고 지나가도 내 자리 앞에서 또 한 번 난관이 기다리고 있었다. 남대문 장바구니 같은 그 나일론 가방들을 좌석 위 보관함에 꾸역꾸역 쑤셔 넣다가 행여 부피 때문에 잘 안 들어가거나 하면 좁은 비행기 복도는 이내 정체되어 다른 승객들이 못 지나가게 민폐를 끼쳤다. 상황을 보다 못한 스튜어디스들이 짐꾸러미를 같이 영차영차 모서리 끼워 맞춰 애써 집어넣어주었을 때는 해냈다는 생각보다 창피함이 앞섰다. 훗날 어른이 되면 짐 하나 없이 손바닥만 한 핸드백만 들고 타겠다고 다짐했다.

그러면서도 엄마는 우리가 가진 옷 중에서 가장 고급스러운 옷, 가령 딸들의 경우에는 유일하게 한 벌 있던 벨벳 원피스를 입혔고 신발도 운동화 대신 묵직한 랜드로바 가죽 구두를 신겼다. 이 주렁주렁한 나일론 가방들과 티파티에 초대된 아가씨처럼 빼입은 소공녀 스타일의 원피스는 대체 무슨 조화인가 싶었지만, 엄마의 그런 조치는 사람들의 이목을 적지 않게 신경 쓰며 품위와 자존심을 지키고자 하면서도 할 일은 해야만 한다는 확고한 실용주의 노선이 절충된 결과였다.

식사 시간이 다가오면 아까의 그 스튜어디스들은 절제된 미소로 비즈니스석과 이코노미석 사이의 커튼을 무자비하게 쳤는데, 그럼에도 나는 서운함보다는 지루한 비행 중 '밥시간'이 왔음을 알리는 그 매운 손동작에 몹시 흥분되었다. 카트가 내 자리로 올 때까지 비프와 피시 중에, 치킨과 누들 중에 무엇을 골라야 할지 몰라 정신이 혼미해질 지경이었다. 어느 하나를 겨우 힘들게 결정했는데 내 자리에 다 와서 마침 그 메뉴가 떨어졌다는 얘기를 들으면 얼마나 아쉽고 속상했던지. 그렇다 하더라도 대개는 따라 나오는 찬 롤빵에 무염 버터를 찍어 먹으며, 기내식은 참 무얼 먹어도 맛

있고 옆자리 동행이 시킨 다른 메뉴는 더 맛있어 보인다고 생각했지만. 어느덧 나는 어디 가서 기내식 맛있다는 얘기는 절대 안 하는 음흉한 어른으로 커버렸다.

히드로 공항에 체류하며 작가의 시선으로 써 내려간 『공항에서 일주일을』에서 저자 알랭 드 보통은 세계의 모든 행선지로 갈 수 있는 가능성을 보여주는 플라이트 스크린의 매력을 말했지만, 나는 항공편 도착이나 이륙을 알리는 안내방송 직원의 나긋나긋하면서도 사무적인 "어텐션 플리스"나, 초년병 스튜어디스들이 사람들의 시선을 은근히 의식하며 재잘재잘대면서 일렬로 지나 가는 모습을 지켜보는 것도 좋았다. 물론 사람들의 만남과 이별 현장을 보는 것도. 그러나 내가 공항에 서 있는 한, 나 역시도 만남 혹은 이별의 주인공이어야만 했다.

사춘기 나이가 되자 어느덧 공항에서 가족과 떨어지는 의식이 버겁다는 생각이 들었다. 아무리 외국에서 오래 생활해도 태생이 내성적인 한국인인지라 으스러지게 껴안으면서 사랑한다고 고백하거나 와락 눈물을 흘리지는 못했다. 향후 떨어져 지내야 하는 시간이 슬프다기보다 당장은 공항에서 겪어내야만 하는 이별의 순간이 신경 쓰였다. 어떻게 하면 담담하지만 그렇다고 또 너무 건조하지는 않게 처신할 수 있을지.

많은 경우, 눈은 조금 서운하고 입은 애써 힘내서 웃는 듯한 어색한 표정의 조합으로 타협을 보고, 탑승 게이트 안으로 총총 사라지거나 이쪽 편에서 손을 흔들곤 했다. 게이트 안으로 들어간 가족이나 게이트 밖으로 차를 타러 나간 가족이나, 왠지 그 시간이 지나면 허전하면서도 안도되었다. 이별에 매우 익숙한 가족이었다. 그래도 공항에선 한껏 버티다가 이윽고 비행기 속으로 들어가 그 규격화된 비좁은 공간에서 혼자가 되었다고 느끼면, 비로소 세상에서 가장 건조하고 중립적인 공간에서 한껏 감상적인 기분에 빠졌다.

비행기를 탄다는 것은 새로운 인생을 시작하는 의식이었다. 나는 결코 예전의 삶으로 돌아갈 일이 없었다. 비행기를 타는 것은 과거와의 단절을 의미했다. 그것은 섭섭함과 후련함을 안겨주었다. 비행기에서 내리는 순간부터 통째로 새로워지는 다른 삶을 살아가야 한다는 뜻이기도 했고 거기에는 일말의 기대와 불안감이 뒤섞였다. 결코 변하지 못할 나를 단념하면서도, 어쩌면 새롭게 다시 시작할 수 있는 나를 발견하지 않을까 설레기도 했다.

도착 시간이 가까워오면서 볼펜을 꺼내 출입국 신고서에 출발지명과 도착지명을 적을 때쯤 되면, 나는 내가 떠나온 출발지는 이미 무無의 상태로 마음속에서 지웠지만 도착지는 아직 도래하지 않은 미래로서, 성적표가 나오지 않은 유예 상태를 비행기가 착륙하는 마지막 순간까지 만끽하려 했다. 혹자는 이도 저도 아닌 상황이나 사이에 낀 상태를 못 견딘다고 하지만, 나는 그런 중간지대를 어렸을 적부터 제법 정면으로 즐겨왔다는 생각이 든다.

눈 감은 남자

물가에 살면 운치 있는 건 잠깐이고 살수록 점점 우울해진다는 것은 직접 살아보고야 알았다. 스물한 살, 도쿄에 혼자 유학 와서 타마가와 강 앞의 3층짜리 원룸아파트 '타마에스티'에 살았다. 언뜻 멀리서 보면 다닥다닥 붙은 창문이나 바랜 하얀색 외관이 마치 요양병원 같기도 했다. 대부분 대학생들과 젊은 직장인들이 살고 있는 듯했지만 사람들이 너무 조용해서인지 오가는 인기척조차 없었다. 옆집 여대생도 입주 첫날 인사만 하고 그 이후 본 적이 없었다.

사람들을 구경하려면 타마가와 강가로 걸어 나가야 했다. 사람들은 자전거를 타거나 산책 혹은 조깅을 하고 있었고, 어떤 아저씨들은 연한 잎이 우거진 버드나무 그늘에 의자를 가져다놓고 유유자적 낚시를 했다. 그러나 그것은 날씨가 좋을 때의 이야기고 비오거나 구름이 끼면 강물 색은 구정물이 낀 듯 짙어졌다. 비바람이라도 몰아칠 때면 내 방 창문의 시야를 정면으로 가리는 강가의 커다란 버드나무가 잎사귀 하나하나에 정령이 깃든 듯 흐느끼며 몸부림쳤다. 여름 장마가 시작되자 버드나무의 잎새들은 어두운 초록빛으로 물들었고 더욱 제멋대로 경망스럽게 흐느꼈다. 나는 홀리듯 버드나무의 움직임을 쳐다보다가 그 끈적하게 증식하는 버드나무 잎인지 가지인지가 내 몸을 휘감는 것 같은 느낌에 소름이 끼쳐, 바랜 흰색 레이스 커튼을 신경질적으로 치며 에어컨을 최강으로 틀었다.

  도쿄에 유일한 연고가 있다면 일 년 먼저 와서 같은 대학의 다른 캠퍼스에 다니던 선배 K였다. 그와는 한 외국 항공사의 아태지역 장학생회를 통해 알게 된 사이였다. 선배는 내가 살던 아파트에서 세 정거장 거리의 외국인 유학생 전용 기숙사에 살았다. 일본 문부성 국비장학생들이 우선적으로 입주할 수 있는 곳으로 시설은 좋고 입주비는 저렴했다. 한국 학생들도 더러 있었고 구내식당이 있어 끼니를 해결하기도 쉬웠다. 하물며 부근이 고급 주택가라 동네가 정갈하고 어여쁘기까지 했다.

  그 학생들이 내심 부러웠지만 그들이 선택받은 것이 아니라 스스로의 실력으로 선택한 결과였음을 인정할 수밖에 없었다. 가끔 기숙사 안의 공동 부엌에서 열리는 작은 파티에 초대받기도 했는데 파티가 끝나면 나 혼자 터덜터덜 기차를 타고 귀가했다.

K 선배와는 한 단체의 선후배로서 인연이 있었을 뿐, 원래 친하게 지낼 타입은 아니었던 것 같다. 객지에서 학교 선후배로 다시 만났다고 해서 서로 살갑게 오누이처럼 챙기거나 연인 관계로 발전할 개연성이 있던 것도 아니었다. 선배는 유복한 집안의 독자이자 서울대 법대 출신으로 그의 하얗고 부들부들한 피부를 보노라면 무엇 하나 인생에서 좌절이나 실패를 경험해본 적이 없을 것 같은 의심이 들었다.

그는 처음 내가 그의 앞에 나타났을 때 허여멀건 큰 얼굴의 가느다란 두 눈이 휘둥그레 커지면서 '네가 여길 왜? 네가 무슨 공부?' 같은 가당치도 않다는 시선을 노골적으로 던졌다. 그는 늘 바빠 보였는데 그건 아마도 자기 코앞의 당면한 목표에 몰두할 수 있는 남다른 집중력이 있어서였을 것이다. 그건 정말 내가 가지지 못한 대단한 점이라고 생각하면서도 한편으로는 (그를 속으로는 썩 좋아하지도 않으면서도) 내가 바란 만큼 나를 챙겨주지 않은 것에 대해 내심 서운하지 않았다고 하면 거짓말일 것이다. 그럼에도 불구하고 그는 내가 이곳에서 유일하게 원래 알던 사람이었고, 개인적 호불호를 떠나 타지에서 알던 사람에 대한 의존도는 의외로 커서 다름 아닌 그에게, 난생처음 돈을 빌리게 되었다.

당시 나는 생활비에 쪼들렸고 과외 아르바이트는 시작하기 전이

어서 버티고 버티다가 하는 수 없이 부모님께 돈을 조금만 더 부쳐 달라고 속상한 마음으로 부탁을 드렸다. 그러나 돈이 입금되기까지 먹고살 돈이 필요했고 내가 부탁할 수 있는 사람은 그 선배밖에 없었다.

"그래, 알았어. 하지만 꼭 다음 주까진 갚아야 한다……. 나 원래 누구한테 돈 빌려주는 거, 절대 안 하는 사람이거든."

시선을 멀리 고정하고 짧게 한숨을 내쉬며 그가 말했다. 음색이 남자치곤 여리여리 너무 가늘었고 채권자가 되자 목소리는 한 옥타브쯤 더 올라갔다. 자신의 공부에 방해되는 것은 모두 거부하겠다는 듯한 단호한 모습의 그는 나를 이끌고 근처의 현금인출기로 가서 2만 엔을 빼서 주었다.

겨우겨우 저 멀리 루마니아로부터 복잡한 외환 절차를 거쳐 얼마간의 돈이 입금되자 이미 어둑어둑해진 저녁이었음에도 나는 빚지고 있다는 게 뭐가 그리도 자존심 상했는지 돈을 들고 한달음에 선배네 기숙사로 날아갔다. 채무자 주제에 그래서는 상도덕에 어긋난다는 걸 알면서도, 속으로 '치사하고 더러워서'라는 말을 몇 번은 되뇌었던 것 같다. 아마도 이래서 돈 빌려주고도 좋은 소리 못 듣는다는 말이 나오는 모양이다.

기차역에서 기숙사를 향해 빠른 걸음으로 걷는데 몸에 땀이 흠뻑 뱄다. 푹푹 찌는 열대야를 예약받은 밤이었다. 무언가 하던 도

중에 나온 선배는 바빠서 미치겠다고 구시렁대면서 부채로 연신 허옇게 뜬 얼굴을 부쳐댔고 기숙사 현관문 앞에서 돈만 받고 다시 안으로 기어들어가 버렸다. 그리고 그것이 살아서 본 K 선배의 마지막 모습이었다.

사 년 후 그는 KAL801편 여객기 괌 추락사고 때 목숨을 잃었다. 젊은 죽음의 장례식은 가본 중 가장 처참했다. 나는 영정 앞에서 미친 듯이 울었다. 마지막 모습이 불편했던 사람이 잘되는 것보다 더 마음 아픈 것은 그 불편했던 사람이 고통과 비극을 겪는 것이었다. 그런 식으로 가버리면 정말 곤란했다.

•

그 잘난 기숙사에는 또 다른 남자가 있었다. 그는 도쿄대학교 이공계열 박사과정을 다니던, 두꺼운 안경을 낀 착하고 수줍고 몸집이 왜소한 한국 남자였다. K 선배 대신 그가 내게 걱정을 빙자한 잔소리를 했다.

"그래도 수업은 제대로 들어가야 하는 거 아니니? 여기까지 오기도 쉽진 않았을 텐데."

그는 내게 패밀리 레스토랑 같은 밝고 촌스러운 곳에서 곧잘 밥을 사주며 눈을 껌뻑였다. 그때 나는 석사과정 전에 필수로 이수해야 하는 외국인 연구생과정 중이라 담임 교수가 있어도 학점 이수에 대한 부담이 없었다. 쉽게 말해 신청해놓고 수업을 안 들어가도 딱히 티가 안 났다. 내심 점점 더 공부는 아무나 하는 게 아니구나 하는 확신이 굳어지던 터였다.

"오빠, 우리 언제 시모키타자와나 놀러 가요. 재밌어요, 시모키타자와."

하필 학교 가는 길 중간에 역이 있어서 수업에 안 가고 샛길로 빠져 좁고 구불구불한 시모키타자와를 배회하며 시간을 보내곤 했다. 마치 지루하고 놀 줄 모르는 모범생을 대하는 날라리 학생처럼 나는 그에게 예술적이고 보헤미안적인 그 동네의 매력에 대해 설파했다. 그럴수록 그는 내 얼굴만 더 물끄러미, 염려스럽게 바라보곤 했다. 그럴 때마다 우리가 서울에 있었더라면 아마 말도 섞지 않았을 거라는 생각이 들었고, 그도 여러 의미로 '이런 여자는 난생처음 보네' 같은 심정이었을 것이다. 주절주절 잔소리에 내가 고양이처럼 눈을 부릅뜨기라도 하면 그는 바로 얼굴이 빨개지며 고개를 숙였다.

그가 나를 조심조심 챙겼던 이유는 물론 나를 여자로 좋아했기 때문인데, 그 마음에 보답 안 할 걸 알면서도 때론 그 마음을 이용했다. 그도 알고는 있었지만 멋쩍게 웃기만 했다. 그 관대한 틈을 타, 나는 전공도 잘 못 택했고(그러는 너는 어차피 빼도 박도 못하고 그 전공 해야 돼서 좋겠다), 학부 시절 꿈이 알고 보니 내가 전혀 원하지 않았던 것이었고(그러는 너는 공부해서 교수 할 게 확실해서 좋겠다), 수업보다 주재원 자식들 과외 아르바이트에 치중해야 한다며(그러는 너는 서울에서 생활비 다 보내줘서 좋겠다) 나의 처지에 대해 그에게 짜증을 냈다.

사실 가장 큰 문제는 외로움이었지만 그걸로 애매하게 얽힐지 몰라 솔직하지 못했다. 최악의 여자였다.

"응응, 그래……."

어느덧 만나면 잔소리는커녕 내 푸념을 일방적으로 들어줘야 했던 그가 하루는 습관처럼 눈을 껌뻑거리며 조심스레 입을 열었다.

"난 말야……. 마흔 전에 실명할 수도 있대. 공부해서 뭐하지……."

뜻밖의 고백에 놀랐지만 타인의 비장미가 보기 싫어서 다른 이야기, 나에 대한 이야기로 화제를 돌렸다. 그 점처럼 작은 두 눈이 이윽고 '너 혼자 어리광 부리지 마'라며 벌게져서 반란을 일으킬까 두려웠다.

힘든 때일수록 어어어 어영부영하다가 내 타입이 아닌 남자한테 흔들리면 안 된다고 생각하면서도 늦가을의 그 밤, 그에게 전화를 걸었다. 수술 후유증으로 체력이 너무 약해진 데다 이내 공황장애의 불안 증상도 겹쳐 이대로 혼자 잠들었다간 다시는 못 깨어날 것 같았기 때문이다.

"오빠, 그래서 말인데…… 지금 와줄 수 있어?"

시계는 밤 11시를 향해 가고 있었다.

싱글 침대와 책상을 빼면 사람 하나 겨우 누울 정도로 비좁았던 원룸에 그가 도착했다. 여자 방에 처음 와본 듯 그는 어색해했고 내가 어색함을 풀어주고자 우스개로 그의 뻘쭘한 태도를 놀리니 경직된 표정으로 걱정 말고 어서 자라고 일렀다. 내가 눕자 그는 침대 옆 바닥에 나를 등지고 책상다리로 허리를 곧게 세우고 앉았다. 눈을 지그시 감았지만 자는 것 같진 않았다. 실명하면 저런 모습일까, 비스듬히 그를 보며 생각했다.

이토록 적막한 공기 속에서 서로의 숨소리를 가까이 들으면서도 아무 일 안 일어나는 그 부자연스러운 공기의 농도에 내가 못 견뎌 팔 뻗으면 바로 닿을 그의 어깨에 손을 올려볼까도 생각했다. 이게 차라리 이 밤에 날 지켜준 것, 아니 여태까지 나에 대해 원치 않은 걱정을 끊임없이 해준 그에 대한 공정한 보답은 아닐까. 그러다 까무룩 잠이 들었다. 숭숭 구멍이 뚫린 레이스 커튼 사이로 햇살이 들어와 눈이 떠졌고 그는 어젯밤 그 자세 그대로였다. 어깨는 축 늘어져 있었지만.

"일어났니? 좀 괜찮아?"

똑바로 보지도 않고 그가 물어보더니 웅크린 몸을 일으켜서 이만 가겠노라며 문을 열고 나가버렸다. 분명 그의 팔을 붙잡을 수 있는 기회는 또 한 번 있었지만 나는 끝내 그러지 않았다. 그때 마음을 다스린 후의 이상하게도 비릿한 뒷맛이 '스스로에 대한 실망'의 맛이었음은 한참 후에야 알 수 있었다.

당시 내가 통제한 것은 아무것도 없었다. 누군가의 감정을 교묘하게 이용했다고 생각한 것도 하찮은 자의식 과잉이었다. 이것은 단지 그가 나의 모든 것에 눈을 감아주었던 것뿐이다. 남자와 여자는 서로에게 이렇게 빚지며 살아간다. K 선배는 이젠 다시 볼 수 없지만 이 오빠만이라도 부디 뜬 눈으로 언젠가 이 글을 읽어주길 바라고 있다.

외국 병원에서의 나날

 두 번째 경험은 쉽다고 했던가. 대학생으로 보내는 마지막 겨울 방학 때 받은 충격에 비하면 그로부터 반년 후의 갑상선암 재발 소식은 충격이라기보다 체념에 가까웠다.
 애초에 첫 수술을 받고 나서 회복실에서 어쩌면 조만간 재발 수술을 받아야 할지도 모르겠다는 무책임한 진단을 받은 터였다. 몸이 고장 난 것을 해결하려고 수술했는데 또 몸이 고장 날 수도 있다는 예고를 바로 들어야 하는 것은 부조리했다. 그 사실을 다 숙지하고도 굳이 졸업 후 일본으로 유학을 갔다. 그 외에 다른 대안은 생각해놓은 것이 없었다.
 도쿄로 건너가 살게 될 원룸아파트를 계약한 후 내가 가장 먼저 한 것은 학교에 가보는 게 아닌, 곧 수술을 받을지도 모르는 병원에 등록하는 일이었다. 이 역시도 새로운 미래의 가능성을 안고 떠난 유학생의 시작치고는 부조리한 전개였다. 그나마 구원은 소개받은 이토 병원이 도쿄 시내의 가장 세련된 쇼핑 거리인 오모테산도 한가운데에 위치해 있다는 사실이었다. 알 수 없는 불안에 떨던 스물한 살짜리 여자애에게 오가며 지나치는 쇼윈도의 예쁜 옷과 액세서리들, 노천카페의 몽블랑이나 쇼콜라 케이크들이 넌지시 위로의 말을 건넸다.

학기의 시작과 더불어 몇 차례의 외래진료, 이것은 암 재발이 아니라 첫 수술에서 암 부위를 충분히 적출하지 못해서 A/S를 받아야 하는 것으로 판명이 났다.

"그래도 급속으로 진행되는 암도 아니고, 수술받은 지도 얼마 안 돼서 또 수술하면 너무 힘드니까 몇 달만 있다가 합시다. 이 동네 자주 와봤어요? 온 김에 쇼핑이라도 하고 가죠?"

자애롭게 생긴 얼굴에 키가 훌쩍 컸던 후쿠야마 선생님은 두어 달 후로 수술 날짜를 잡고 나를 돌려보냈지만, 어차피 목의 같은 부분을 프랑켄슈타인처럼 둥글게 선 따라 째야 할 터인데 굳이 기다렸다 하는 것이 무슨 의미가 있나 싶었다. 어차피 상처를 다시 낼 거라면 빨리 수술한 후 회복할 시간을 버는 게 낫지 않을까. 담당 의사의 말을 따르며 수술이 잡힌 그날까지 건강에 대해서는 가급적 신경을 안 쓰고 일상생활을 해보려고 했다. 그러나 나의 껍데기만 학교에 가서 수업을 듣고 생활을 했지, 나의 핵은 무언가가 묵직하게 잡아 끌어내리고 있었고 놓아줄 생각을 안 했다. 함께 어렵게 유학생으로 뽑혀서 공부하던 미국인 친구 마틴이나 중국인 친구 메이와 어울려도 나 혼자만 보이지 않는 다른 길을 걸어가는 것처럼 느껴졌다. 지금 여기서 나는 무얼 하고 있는 것일까.

점점 학교 수업이나 과외 활동, 사교 모임에 가기보다는, 등굣길에 위치한 오밀조밀한 시모키타자와 거리를 배회하거나 신주쿠 부근에서 과외 아르바이트를 했다. 도쿄대학교라는 이름 덕분에 도쿄 주재 상사 직원들의 아이들을 가르치는 일은 생각보다 쉽게 들어왔다. 주재원 사회가 좁아서 그런지 이내 과외 일이 점점 더 밀려들어오기 시작했고 급기야는 다섯 명의 아이들을 모아놓고 한 집의 거실에서 그룹 과외까지 하는 지경에 이르렀다. 그쯤 되니 내가 학교에서 '배우는' 시간보다 학원 선생처럼 '가르치는' 시간이 더 많아졌다. 퇴근 러시아워를 한참 지나 신주쿠역에서 기차를 타고 지친 몸을 이끌고 귀가하노라면, 같은 차량에 타고 있던 피곤에 전 샐러리맨들처럼 고개를 푹 숙이고 바닥만 응시하고 있었다. 지금 나는 어디로 가고 있는 것일까.

시간이 어떻게든 흘러 환자복으로 갈아입고 이토 병원 3층 병실에서 오모테산도 사거리의 연두색 가로수길을 내려다보고 있었을 때 어쩌면 일본에 온 이래 처음으로 진정한 소속감을 느꼈는지도 모르겠다. 미뤄두었던 과제를 하지 않고는 사실 한 치 앞도 제정신으로 걸어 나가지 못했던 것이다. 최소한 지금 여기 서 있는 나는 껍데기가 아니었다. 더 이상 신경을 분산하기 위해 내 인생을 허투루 낭비할 필요가 없었다. 이곳, 그리고 이곳에서 벌어지는 일들이 사실 학교 공부보다, 초등학생 아이들을 대상으로 한 돈벌이보다 내가 해야만 하는 일이라는 강한 확신이 들었다.

창밖 여자들의 아름다움과 생명력이 산들산들한 봄바람과 함께 내게도 전해졌다. 원피스와 핸드백, 힐 그리고 막 드라이한 긴 컬머리를 흩날리며 거니는 그녀들은 아마도 나와 엇비슷한 나이의 대학생이거나 회사원이겠지. 멀리서 본 그녀들은 밝고 멍청해 보였는데 난 그녀들이 하나도 부럽지 않았다. 너는 너의 일을 해. 지금 나는 내가 해야만 하는 일을 하고 있어. 핑크색 투피스를 입은 그들보다 푸르스름한 환자복을 입은 나 자신이 더 미더웠고, 당연한 듯 젊음을 허비하는 게 아닌 필사적으로 삶을 마주하며 살아가고 있는 양 우쭐했다. 내가 여러 가지 의미로 더 '어른'이라고 자부했다.

우쭐함은 잠시, 하루도 지나지 않아 자부심은 바닥을 쳤다. 다음 날 아침, 나는 가장 먼저 수술받기로 예정되어 있었고 그 사실이 꽤나 흡족했다. 가장 먼저 회복할 수 있는 것처럼 즐거이 의미를 부여하며.

금식이라 일찍 잠을 청했고 마음이 편해져서인지 꽤 깊은 잠에 들었다. 누가 내 팔을 잡고 살며시 흔들었다. 벌써 아침인가 싶어 눈을 떴더니 사방은 어두컴컴했다. 렌즈를 빼고 잔 터라 시야는 흐릿했지만 저벅저벅 움직이는 그림자가 마스크를 끼고 들어온, 흰 유니폼을 입은 두 간호사라는 걸 알 수 있었다.

"수술 전 준비를 실행하겠습니다."

5인실 방의 다른 환자들이 깨지 않도록 나지막하고 단정한 일본어로 속삭이더니 한 간호사가 트레이에 담아온 무언가를 주섬주섬 꺼냈다. 대체 지금 시간이 얼마나 되었을까? 밤 11시? 새벽 3시? 눈이 안 보여 벽시계를 확인할 수도 없었다. 무슨 시술을 하겠다는 것인가. 내 의문을 가급적 신속히 불식하기라도 하듯, 또 다른 간호사가 준비해놓은 것을 내 얼굴 가까이에 갖다 댔다.

"긴장을 풀고 입으로 호흡해주십시오."

그 말이 떨어지기가 무섭게 옆에서 도와주던 간호사가 머리를 두 손으로 꽉 잡아 고정했다. 이윽고 가는 고무줄 호스가 왼쪽 콧구멍 안으로 인정사정없이 들어왔다. 뭐라고 한마디 저항도 못한 채 충격 속에 연속해서 구역질을 하며 오로지 눈물과 침을 배설해내는 것으로 표현할 수밖에 없었다. 끝나겠지 끝나겠지 울먹거리며 기대했건만. 또냐 또냐 싶게 호스는 더 깊숙이 내 몸을 침범했다. 마침내 호스가 위장까지 돌이킬 수 없도록 단단하게 들어갔을 때 비로소 간호사의 손짓이 멈췄다.

"다 끝났습니다."

어느덧 내 몸도 이 이물질을 받아들였다. 구역감이 조금씩 진정되면서 호흡도 서서히 안정돼갔다. 잘 버텼다, 잘 끝났다고 안심하거나 대견해하긴커녕 이토록 내 몸이 꼼짝없이 항복하고 받아들이고, 심지어 적응했다는 사실에 너무 서럽고 억울해서 무방비 상태의 어린아이처럼 눈물이 멈추지 않았다. 한국에서 첫 수술을 망쳤던 기억을 지워줄 거라는 희망으로 찾아간, 재수술의 확신을 심어준 일본 병원이었는데, 사전에 통보받지 못한 비위관L-tube 삽입이라는 '준비'가 이토록 상처가 될 거라고는 꿈에도 생각하지 못했다.

그 새벽의 해프닝은 오래 잔상으로 남아, 나는 그 이후 받게 된 모든 수술적 '삽입'에 있어서는 치부를 드러내는 한이 있더라도 무조건 전신마취를 하고 나서 해달라고 따로 부탁했다. 어쨌든 그로써 나는 모든 '준비'를 마쳤다. 이 이상의 준비는 이젠 정말 됐다. 그간의 시간들로 충분하고도 넘쳤다. 준비는 정말 끝났다. 이젠. 제발. 수술을. 해달라.

'병목현상'이라는 단어를 몸으로 실감하는 것은 수술 직후다. 머리와 몸 사이에 피가 안 통하는 느낌은 한 영혼이 두 개의 육체를 지탱해야 하는 버거움이었다. 아침에 잠에서 깨어나 몸을 일으켜 세우려면 우선 두 팔로 머리를 양옆에서 잡은 후, 천천히 머리부터 위로 옮기고 나서 몸이 엉거주춤 따라 올라가는 식으로 일어서야 했다. 그 순서를 잠시 잊고 무작정 상체를 일으켜 세우려고 했다가는 머리가 그대로 뒤로 뿌리째 뽑혀나가는 것 같은 둔탁하고 혼미한 고통이 밀려왔다. 사흘쯤 지나자 목이 다시 몸통에 '붙기' 시작했다.

부지런히 병원 내에서 산책을 시작했다. 주로 옆 병실의 마사코 쨩에게 놀러가기 위해서였다. 갑상선 전문병원이라 대개 같은 이유로 입원해 있었다. 단 하나, 갑상선이라는 장기를 적출하기 위함이었다. 지금 이곳에 입원한 수많은 여자들(그리고 간혹 남자들)과 나는 병원을 나설 때쯤이면 똑같은 모양을 한 이십 센티미터 길이의 상처를 목에 장식하고 있을 터, 암에 걸린 이유에 어느 정도 공통된 경향성 같은 것이 있다면 그게 무엇일까 조금 궁금하긴 했다.

마사코 쨩은 나보다 두 살 많은 일본화과자점의 점원이었다. 얼핏 듣기로는 나보다 암의 종류가 더 심각하다고 했다. 내가 먼저 수술이 끝나 회복하고 있을 때, 즉 누워서 몸을 꼼짝 못하고 있을 무렵 그녀가 내 상태를 보러 와주었고, 이틀 뒤가 수술 예정일이었던 그녀는 내가 겨우 몸을 추스르고 직접 걸어서 그녀의 병실로 찾아갔을 때 목에 무척 복잡해 보이는 장치를 두르고 있었다.

쾌활했던 마사코 쨩은 온데간데없고 비위관을 강제 삽입당했던 그 새벽의 나처럼 넋이 나간 표정으로 겨우 눈만 끔뻑끔뻑, 며칠씩 금식한 마른 목으로 겨우 목소리를 짜내며 "다이조부(괜찮아)"를 읊조렸다. 수술 중에 그녀의 성대가 손상되지 않았나 걱정되었다.

나의 퇴원 날짜가 다가올 무렵, 그제야 마사코 짱은 기계인간처럼 머리와 목에 둘렀던 쇳덩이로부터 해방되었다.

그녀는 수술 후 요양을 하기 위해 점원 일을 그만둘지도 모른다고 했다.

"뭐 어차피 별로 대단한 일도 아니니까요. 하지만 경선 상은 계속 힘내야 해요. 누가 뭐래도 도쿄대생이잖아요. 이렇게 말 섞고 친구처럼 지내는 거, 정말 영광!"

두 살 어린 나에게 그녀는 존칭을 쓰며 '짱' 대신 '상'을 이름 뒤에 붙였다. 나는 그래봤자 아직 외국인 연구생 신분일 뿐이라고 말하고 싶었지만 왠지 구차할 것 같았다.

"무슨 소리예요, 그만두다니. 너무 아깝잖아요. 마사코 짱도 앞으로 힘내야죠."

말해놓고 보니 이편이 더 구차했다.

퇴원 전날 밤, 그녀와 대화를 나누고 싶었다. 우리는 서로 그것이 마지막 대화임을 알 것이고, 목 어디가 어떤 느낌으로 당기고 아픈지 푸념하면서 서로의 쾌유와 회복을 진심으로 빌어줄 것이었다. 퇴원하면 결코 다시 볼 일은 없을 거라고 생각했지만, 그것은 그것대로 꽤 괜찮은 일이었다. 우리는 그렇다 하더라도 서로를 이해할 것이다. 이 모든 지난한 시간들은 잊겠지만 불현듯 그 고통과 함께 투병했던 친구를 기억할 것이다. 그리고 그녀의 격려를 되새

길 것이다.

　그녀가 자주 가서 시간을 보내는 외래 병동 로비에 가보았다. 모퉁이를 돌기도 전에 그녀의 목소리가 들리는 것 같았다. 나는 발끝으로 살금살금 걸으며 그녀를 조금 놀래주고 싶었다. 그런데 마사코 짱에게는 이미 일행이 있었다. 두 사람은 외래접수대 앞의 대기용 의자에 나란히 앉아 서로에게 어깨를 기대며 조곤조곤 이야기를 나누고 있었다. 취침 시간 삼십 분 전이라 병원 로비에는 그 둘 말고는 아무도 없었다. 몸이 아픈 연인과 그 연인을 지켜보는 남자 친구. 다리가 굳고 가슴이 철렁 내려앉았다.

　기둥 뒤에 숨어서 그들을 지켜보던 나는 소리 안 나게 발뒤꿈치를 들어 조용히 혼자 다시 병실로 돌아왔다. 그리고 내일 이 병원을 벗어나면 제일 먼저 초여름에 산뜻하게 매고 다닐 수 있는 작은 물방울무늬 스카프를 사자고 마음먹었다.

청춘의 기나긴 겨울

　독일 프랑크푸르트에서 갓 출발한 부쿠레슈티 행 루마니아 항공기 안에서 나는 차가운 살라미가 끼워진 딱딱한 보리빵을 오물거리고 있었다. 비좁은 기내에 띄엄띄엄 조용히 앉아 있는 승객들은 강제 우송당하는 인질 같았다. 사람들의 표정에서 이것은 즐거운 휴가 여행길이 아님을 알 수 있었다. 비행기가 거칠게 착륙하고 활주로 양옆으로 군데군데 지저분하게 녹은 눈밭이 보였다. 공항 건물로 연결되는 통로도 없이 비행기 입구에 바로 임시 계단이 세팅되고 한 명씩 조심스럽게 계단을 타고 내려갔다. 부모님이 마중 나와 계셨다.
　스물두 살에 요양 생활을 하리라는 것은 적어도 내 인생 계획엔 없던 일이었다. 자랑스럽지 못한 자식이 된 것 같아 집으로 가는 차 안에서 침묵으로 일관했지만 조수석의 엄마는 루마니아라는 나라에 대해, 여기서 우리가 즐겁게 생활하며 지낼 수 있는 여러 가능성에 대해 애써 밝은 목소리로 브리핑을 했다. 그러나 무리하는 대부분의 대화가 그렇듯, 얼마 안 가 그녀의 목소리는 다시 잠잠해졌다.

엄마의 작위적인 관광 가이드를 배경음으로 내 눈은 창밖을 향했다. 도로 한가운데에 들개들이 차에 치여 내장이 튀어나온 채 피범벅이 되어 있었다. 차가 아파트 앞에 멈추기까지 대여섯 마리의 들개 시체를 보았다. 한겨울이라 개 시체들은 뻣뻣하게 굳어 있었는데 간혹 어떤 몸뚱이에선 죽은 지 얼마 되지 않았는지 증기가 모락모락 피어올랐다. 독재자 차우셰스쿠가 처형된 지 불과 몇 년 후의 이야기다.

다시 어린아이로 돌아갔다. 몸무게도 어린아이 때 체중, 42킬로그램으로 되돌아갔다. 알몸으로 거울 앞에 서면 젖가슴 아래로는 갈비뼈가 앙상하게 드러났다. 시도 때도 없이 엄습할 것만 같던 공황장애 발작이 두려워 보호자 없이는 외출도 할 수 없었다. 몸도 안 좋았지만 당시 루마니아는 외국인이, 그것도 젊은 동양인 여자가 혼자서 자유롭게 돌아다니기에는 치안이 과히 좋지 않았다.

매일 아침 일어나면 아침밥을 먹고 나서 딱히 할 일이 없다는 것, 그 특유의 묵직한 공기는 마치 은퇴 후에 느낄 법한 그것이었다. 일본에서 가지고 온 책 중 가장 두꺼웠던 레이먼드 카버의 『제발 조용히 좀 해요』라는 단편집이 유달리 기억나는 것은 그 잔잔한 수면 아래 깔린 일상의 광기가 루마니아 겨울이 품고 있는 울먹거림과 비슷했기 때문이다. 창밖에선 끊임없이 눈이 무겁고 천천히 내렸다. 책을 읽으면서 중간중간, 내게 지난 일 년 사이에 벌어진 여러 가지 일들에 대해 생각했다. 완벽하게 계획된 인생에서의 탈락. 유학 생활을, 무엇보다도 공부를 그만두기로 한 것. 대신 무엇을 해야 할지 아무런 마음의 준비가 안 되어 있는, 그런 상황에 놓인 것. 사람은 크게 아팠다고 해서 생명과 건강, 가족의 소중함을 깨닫고 개과천선…… 따위 하지 않더라. 다만 좀 더 씁쓸해지고 체념이 빨라지는 거라면 모를까.

  주말이면 딱히 갈 곳이 없어 세 식구는 부근의 시민공원에 산책을 하러 갔다. 이 도시에서 가장 흔한 방식의 주말 나들이였다. 가고 싶지 않았지만 집 안에만 있는 딸이 안돼 보였는지 엄마 아빠는 나를 끌고 나왔다. 무력하게 부모님을 따라나선 나는 마치 다섯 살 어린아이로 돌아간 느낌이었다. 그 휑한 공간에서 아니나 다를까 난 너무나 작게 느껴졌다. 미운 다섯 살 아이처럼 엄마가 살갑게 내민 손도 뿌리치고 호주머니 깊숙이 손을 쑤셔 넣고는 추위에 어깨를 구부정하게 오므렸다. 까마귀가 시끄럽게 깍깍 머리 위로 날아다녔다.

  한겨울의 공원은 황량하기 그지없었다. 구획 별로 나무를 심어놓은 흔적, 구름 한 점 없는 시리도록 파란 하늘, 휑한 공간 곳곳마다 세워놓은 각종 동상으로 더 을씨년스러웠다. 그 쇳덩이의 두상에는 까마귀들이 들러붙어 부리로 눈을 쪼아댔다. 어떤 위대한 일을 했는지 설명문이 새겨져 있어도 혁명을 호되게 치른 사람들은 아무 관심을 기울이지 않았다. 루마니아인 가족들은 다들 회색이나 검은색 파카와 털모자를 뒤집어쓰고 말없이 산책을 했다. 복슬복슬한 큰 개를 대동한 가족 따위는 없었다. 그곳에서 개의 존재는 주로 들개요, 그중 반은 거리의 서유럽산 자가용들에 치여 죽는 운명을 맞이할 터였다. 살아 있는 개보다 죽어 있는 개가 더 많았다.

몸이 조금씩 회복되면서 루마니아의 여성 화가, 마리아나에게 유화를 배우러 다녔다. 그녀는 강한 악센트로 띄엄띄엄 영어를 했다. 돈과 시간은 많은데 소일할 거리가 마땅치 않아 골치를 썩는 주재원 부인들을 상대로 그녀는 그림을 가르쳤다. 사실 마리아나는 그림을 가르치기보다는 자신이 그린 유화를 팔거나 그 부인들의 초상화를 실물보다 더 예쁘게 그려주면서 달러를 벌어들이는 데에 더 재미를 붙이는 듯했다.

아랫배가 나오고 눈가 잔주름이 심했지만, 젊었을 때는 야망과 재능이 넘치는 미인이었을 것이고 루마니아라는 나라는 끼와 에너지가 많은 그녀에겐 역부족이었을 것이다. 당연하다는 듯이 어디서든 영어로 말하는 정통 자본주의 국가에서 온 미국 여자들의 비위를 주섬주섬 잘 안 되는 영어를 구사하며 맞춰주다가, 마리아나는 훌쩍 부엌 복도 끝의 베란다로 나가 말보로 담배를 한 대 꺼내 물었다. 미국 여자들은 마리아나가 왜 욱했는지 알 길도, 알 이유도 없었고 이젤에 놓인 캔버스에 그림을 그리기보다는 수다에 더 몰두했다. 조용히 그림을 그리는 사람은 대충 나 정도였다. 마리아나의 머그잔에 담긴 커피는 이미 완전히 식어 있었다.

왠지 그녀가 안쓰러워 베란다로 따라 나가서 슬그머니 말을 걸었다.

"마리아나, 마리아나는 다른 나라로 이민 가고 싶지 않아요? 영어도 잘하고 그림도 정말 잘 그리잖아요. 외국 가서 화가로 활동하는 거예요!"

마리아나는 피식 미소를 지으며 짧게 담배 연기를 내뿜었다. 달큼한 냄새가 풍겼다.

"미스 림, 난 그저 영어를 쪼끔 할 줄 아는 루마니아인일 뿐이에요. 루마니아 사람. 그냥 화가라기보다 나는 루마니아 화가라구. 미스 림도 다른 유럽 나라들이 루마니아를 어떻게 바라보는지 정도는 알지 않아요?"

잠시 반론할 말을 찾았지만 실패했고 다시 안으로 들어가 테이블 위에 놓인 반쯤 무른 사과와 배를 마저 그렸다.

•

긴 겨울이 지나고 영원히 올 것 같지 않았던 봄이 오자 머리에 검은 보자기를 단정하게 두른 노파들이 길가에서 빨강, 핑크, 노랑의 들꽃 묶음을 팔기 시작했다. 나는 사설 수영장에 다니기 시작했고 조금씩 아파트 주변을 뛰었다. 너무 멀리 벗어나면 위험할 수도 있어서 집에서 사방 오십 미터 밖으로 벗어나진 않았다. 그런데 봄기운이 완연히 깊어진 어느 날, 조금 용감해졌다. 그 오십 미터 경계를 내 발로 벗어났다. 다시 들어가 엄마한테 말하고 갈 수는 없었다. 워크맨에서 흘러나오는 활기찬 티어스 포 피어스Tears for Fears의 음악이 내 심장을 뛰게 했는지도 모르겠다. 발은 절로 차로 오 분 거리쯤 되는 부근의 아담한 공원으로 향했다.

봄이 되었으니 싱그러운 연둣빛 나무와 꽃들이 보고 싶어졌다. 날씨는 이 이상 화창할 수 없었다. 십 분 넘게 조깅해도 호흡이 가빠지거나 헛구역질이 나지 않았다. 어지럽거나 기절할 것 같은 특유의 공황장애 증세도 나타나지 않았다. 입가에 자연스레 미소가 맴돌았다. 이미 공원 정문을 지나 둥그렇게 반 바퀴쯤 돈 상태였다. 컨디션은 루마니아에 온 이래 최고조였다.

그때였다, 뭔가 이상한 기운을 느낀 것은. 뛰는 속도를 늦추면서 이어폰을 귀에서 빼고 흘깃 등 뒤를 돌아보았다. 예닐곱 명의 히피

들이었다. 십 대의 남자들과 어린 소녀 그리고 이십 대로 추정되는 여자도 섞여 있었다. 진한 검은색 눈썹과 부리부리한 눈매가 너무 닮아 가족이 아닐까 싶었다. 그들의 행색은 어떻게 보아도 봄기운을 만끽하려고 공원에 마실 나온 것 같지가 않았다. 그들은 나처럼, 아니 점점 나보다 더 빨리 뛰기 시작했다. 직감적으로 등골이 오싹했다. 그들은 나와 내 워크맨을 노렸던 것이다.

한적한 공원의 이쪽 길에는 그들과 나밖에 없었다. 주변에 나를 도와줄 인기척은 전혀 없었다. 나는 점점 포위당하고 있었다. 공포감이 극한에 다다르고 있었지만 내 다리는 온 힘을 다해 원형 공원의 나머지 반주를 뛰었다. 어떻게든 공원 밖으로 나가야만 했다. 두려움을 비우기 위해서라도 무조건 뛰고 또 뛰어야 했다. 숨이 막혀 심장이 터질 것만 같았다. 루마니아의 긴 겨울은커녕 공원의 이 길이야말로 영원히 끝나지 않을 것만 같았다. 어쩌면 나는 공원 입구를 놓치고 빙글빙글 공원 안의 같은 곳을 맴돌고 있는 것은 아닐까.

정신을 차려보니 아파트 현관문 앞에 주저앉아 있었다. 창자에서 깊은 헛구역질이 올라왔다. 얼굴이 벌겋게 익고 이마와 겨드랑이와 가슴 사이는 땀으로 홍건했다. 다리가 후들거려 일어서질 못했다. 그렇지만 내 몸이 돌아와 있었다. 다시 힘껏 뛸 수 있었다. 오십 미터 안전의 경계선을 넘을 때만 해도 조금 불안했지만 내 몸은 그보다도 한참 저 멀리 가서 나를 기다리고 있었다. 그 사실을 알아차리고 나니 긴장이 풀리며 눈에서도 땀이 났다.

루마니아를 떠나기 전, 마지막으로 부모님과 흑해로 1박2일 여행을 떠났다. 불가리아 국경에 인접한 곳이었다. 해변 휴양지의 호텔이라고 했지만 봄이라고 해도 그곳은 여전히 차가운 냉기가 서려 있는 한겨울의 바닷가였다. 검은색 카디건을 유니폼으로 걸친 어깨가 건장한 프런트데스크의 아주머니들은 예약 상황을 묻고 중간중간 걸려오는 전화를 받으면서 방 열쇠를 건넸다. 그 외에 여분의 말은 단 한 마디도 건네지 않았다. 비수기여서 그런지 차가운 침대 시트는 마치 시체를 덮는 흰 천처럼 느껴졌다. 오랜만에 긴 시간을 운전하느라 피로했던 부모님은 주섬주섬 모직 담요를 더 꺼내 와 이불 위에 덮고 낮잠을 청했다.

호텔을 나와 매서운 찬바람이 부는 메마른 자갈밭 해변을 혼자 거닐었다. 과거의 모습을 전혀 알 길이 없는 앙상한 나뭇가지들이 바람에 흔들렸다. 어쩐지 내 모습 같았다. 눈을 감으니 바람 냄새가 났다. 비릿하면서도 매운 냄새, 세상 끝의 냄새였다. 나는 대체 여기서 뭘 하고 있는 것일까. 내가 이 장소에 있다는 현실이 기이하게 느껴졌다. 너무나 이질적이었지만 여기서 빠져나갈 수는 없었다.

때로는 시간이 모든 것을 해결해주기도 한다는 진부한 운명론적인 말을 결코 인정하고 싶진 않았다. 그러나 그 겨울과 봄을 거

치며 시간의 흐름이 확실히 나를 그 이전과는 다른 장소에 가져다 놓았음을 수긍할 수밖에 없었다. 누구에게나 인생에서 그냥 '묵혀내야' 하는 시간이 있다. 살기 위해 죽은 듯이 살아내야 하는 시간. 기다리는 것 외에는 아무것도 한 것이 없는 나는 세월의 흐름이 안겨준 재생력에 겸허히 감사해야만 했다. 스물두 살의 나로서는 인정하기 싫은, 자존심 상하는 일이었지만. 에취.

코트 위에 아빠의 두터운 꽈배기 스웨터를 하나 더 걸치고 나왔는데도 추웠다. 초록빛이 감도는 깊은 파란색의 흑해를 바라보며 그 차가운 물속에서 몸이 얼어버린, 아무 감각도 없는 기분을 상상해보았다. 그러고는 거칠거칠하게 언 손으로 양쪽 뺨을 만져보았다. 따뜻했다. 세계 여러 곳을 다녔지만 유독 그런 나라가 있다. 이곳에 다시는 올 일이 없겠지, 마치 잊고 싶은 과거처럼. 루마니아가 그랬다. 실제로 그렇게 한참을 잊고 지냈다.

•

불과 반년도 지나지 않은 지구의 저쪽 편은 유사 이래의 폭염이었다.

그 기막혔던 1994년 서울의 폭염. 한 특급 호텔 홍보실에 취직을 한 나는 실크 블라우스와 무릎까지 내려오는 펜슬스커트를 입고 있었다. 긴 머리는 똬리를 틀어 올리고 귓불엔 진주 귀걸이를 하고, 앞뒤로 정숙하게 막힌 하이힐을 신고 대리석 바닥을 또각또각 걸으며 활보했다.

우아하고 쾌적한 호텔이었지만 그 안에서 하는 일은 거칠었다. 입사하자마자 한 달 만에 팀장은 회사를 그만두고 같은 팀의 동료는 나를 견제했다. 본부장은 하루에 한 번은 업무 진행 상황을 체크한다며 나를 닦달했다. 판촉팀의 한 남자 과장은 내가 일본어를 한다는 이유로 자기 일을 떠넘기려고 책략을 썼다. 하필 내가 입사한 해가 창립 80주년 되는 해라 일이 유달리 많았다. 박봉 월급에 하루 세 끼를 호텔 구내식당에서 해결했다. 겨우 잠만 자러 집엘 갔다.

발 아픈 하이힐을 질질 끌고 귀가해도 그리 편히 쉬지 못했다. 당시 나는 월세 15만 원에 남의 집 문간방을 빌려 살았다. 싱글 침대 하나와 책상 하나만 집어넣으면 끝인 2평 남짓한 공간. 화장실을 주인집과 같이 써서 아무리 무더워도 헐벗은 모습으로 돌아다니거나 방문을 열고 잘 수도 없었다. 호텔의 에어컨에 몸이 익숙해지다 보니 아파트 문간방의 숨 막히는 더위는 더욱 고약했다. 책상 위의 미니 선풍기는 더운 바람만 쉼 없이 만들어냈다. 방에 들어가자마자 문을 잠그고 꼼짝달싹 안 한 채 일찍 잠을 청해보려 했지만 미니 선풍기의 윙윙거리는 소리가 귀에 거슬려 밤새 뒤척였다.

본격적인 열대야가 시작되는 듯했다.

  더위에 대한 반작용일까, 천장을 바라보며 이마와 겨드랑이와 가슴 사이의 땀을 손바닥으로 닦아내면서 기억 속에서 지워왔던, 이젠 길고 아득한 꿈만 같아서 언제 그런 일이 내게 일어났을까 싶은 불과 반년 전의 그 너무나 춥고 시렸던 루마니아를 떠올렸다. 흑해 바닷가의 매서운 칼바람이 잠시 뺨을 스쳐 지나는 듯한 고마운 착각도 잠시, 다시는 갈 일이 없을, 아니 다시는 기억나지 않을 것 같던 그곳이 내 안에 스며들어 있음을 알아차렸을 때, 그 장소와 시간들에 깊이 감사하고 있는 자신을 발견했다.

서점에서 사진 찍기

첫 소설집이 베스트셀러 목록에 덜컥 올랐을 때 누구보다도 놀랐던 것은 나였다. 출판사도 전혀 예측을 못했다. 그도 그럴 것이 내 초고는 제안했던 모든 출판사에서 퇴짜를 맞은 원고였기 때문이다.

"완전히 새로 다시 쓰셔야지 제가 윗선에 보여드릴 수 있을 것 같아요."

한 편집자는 실망과 짜증이 섞인 목소리로 답했다.

"저희랑은 소설 말고 그냥 비소설 내시죠……."

또 다른 편집자는 애써 쾌활한 웃음으로 넘기려고 했다.

"지금도 충분히 잘하고 계신데 뭐하러 사서 고생하세요?"

제3의 편집자는 영역을 넓힐 생각 말고 지금 하던 거나 더 잘하라고 했다. 모두 다 아주 일리 있는 전문가의 조언이었다.

기분이 언짢거나 위축됐을 법하지만, 그것은 처음 책을 내기 위해 출판사 목록을 만들고 차례차례 무작정 전화해 내 원고를 책으로 내줄 수 있겠느냐고 나 자신을 세일즈했던, 근 십여 년 전의 초조하고 겁먹었던 기억들을 상기시켰다. 다시 경험하는 좌절감이 아닌, 신인 시절로 돌아간 듯한 애틋함이 느껴졌다. 나를 거부한 그 모든 편집자들의 마음에 십분 공감했다. 나라도 이 상태의 원고로는 미치지 않고서야 승낙을 안 할 거야.

그런데 승낙을 해버린 한 출판사가 있었다. 여러 정황을 계산하지 않고 내가 좋다는 이유만으로 무모한 짓을 함께 저지르기로 작당한 친구처럼 그 출판사는 한번 해보자고 내 손을 잡아주었다. 그 밑도 끝도 없는 우정을 믿고 소설 원고를 찬찬히 수정해나갔다. 초고를 가을에 보여주고 몇 차례의 수정을 거쳐 책은 이듬해 초여름 유월에 나왔으니, 초고를 쓰는 데에 걸린 시간만큼 수정 작업에 시간이 많이 들었다.

프리랜서 초창기 때 신사동 가로수길에서 작업실을 함께 쓰던 성민이가 일러스트를 맡아주었다.

"전날 밤 어떤 힘겨운 일이 그녀에게 벌어졌어도 아침이 되면 평소대로 씩씩하게 일어나 세상을 정면으로 마주하겠노라는 각오가 느껴지는, 그런 여자를 그려줬으면 좋겠어."

그것은 당시 나의 심경을 대변하는 표지 일러스트이기도 했다.

소설은 '어떤 날 그녀들이' 벌이는 여러 가지 삶의 능동적인 변화들을 담고 있었다.

그 아이가 세상에 나와 사흘도 안 되었을 무렵 지인들로부터 꽤 많은 전화를 받았다. 단순히 첫 소설집 출간을 축하하는 게 아닌 의외의 소식을 알려주었다. 대부분 공통적인 이야기였다.

"뭐야, 일부러 대형 서점에 가서 책을 사주려고 했는데 서점에 책이 없대. 다 나갔대."

나는 부끄럼을 무릅쓰고 지인과 친구들에게 부디 한 권씩이라도 좀 사달라고, 기왕이면 대형 서점에서 사달라고 문자메시지를 넣은 터였다. 그리고 몇몇은 충실히 그렇게 해주었는데, 그들이 해준 이야기는 두 가지를 의미했다. 하나는 너무 잘 팔려서 금세 동이 났음을, 또 하나는 서점들이 잘 안 팔릴 거라고 가정하고 책 자체를 아주 조금씩만 가져다놓았거나. 에이, 설마.

출간하고 열흘 남짓 지나 한 온라인 서점에서 종합 순위 상위권에 진입했다. "소설집을 내는 것만으로도 내게는 의미 있고 기쁜 일이야"라고 말하던 것도 나의 진실한 마음이었겠지만 그것이 얼마나 위선이었는지 깨달았다. 부끄럽지만, 매일 아침 눈을 뜨자마자 잠자리에서 스마트폰으로 서점 사이트에 접속해 판매지수와 순위를 확인했다. 매일 순위는 착착 전일대비 상승 계단을 올랐다. 낯설게 벅차올랐다.

가감 없이 말하자면 처음 며칠은 꿈속을 거니는 듯 황홀한 기분이었다. 그런데 일주일쯤 지나자 그 극도의 긴장과 흥분 상태를 감당하기 힘들었다. 처음엔 떨 듯이 기뻤는데 갈수록 뭐가 뭔지 모르겠는 기분이 들었다. 소설 초고를 거부했던 편집자나 출판사들에게 '당신들의 조언은 합리적이고 합당해'가 아니라 '거봐라'라는 울컥하고 시커먼 감정도 고개를 들었다. '등단을 하지도 않고 상도 받아본 적 없는 초짜가 이 정도면 되지 않아?'라며 아무도 뭐라고 하지 않는데 혼자서 허공을 향해 누군가를 설득하기도 했다. 그런데 보름쯤 지나자 기분이 좋은 것도 우울한 것도 아닌, 뭐랄까 안절부절 정서 불안의 상태로 전락했다.

그즈음 같은 동네에 사는 친한 편집자 동생이 놀러 왔다. 그녀의 신뢰 가는 특징 중 하나는 맘에도 없는 듣기 좋은 말을 절대로 안 한다는 것인데, 역시 이번에도 다른 기대 말고 그저 이렇게 소설도 한번 써보고 다행히 출간할 수 있음에 감사하는 마음가짐을 단단히 해두라고 출간 전에 나의 기대치를 현실화해놓은 터였다. 한마디로 그녀도 나에 대한 인간적 호불호와 상관없이 전혀 팔릴 거라고 생각하지 않았다. 책이 나오기 전에는 흠흠 맞아 맞아, 그랬던 나도 막상 이렇게 되니 그녀가 해준 얘기가 사뭇 매정하다는 생각이 들었다. 그래서 일부러 더 재수 없게 내 정신 상태로는 감당이 안 되는 판매 호조에 대해 짜증 섞인 어리광과 능청을 부렸다. 그러자 그녀는 입술을 삐쭉거리며 쏘아붙였다.

"언니, 됐어. 그래도 초장에 망해서 소리 소문 없이 사라지는 것보다 백배 낫잖아?"

물론 그렇긴 하다. 그랬다면 아마도 서점 매대에서 자취를 감춰버렸을 애처로운 그 아이에 대해 '내가 언제 소설을 냈던가'라며 아예 현실 자체를 부정하거나 망각하려고 애썼을 것이다. 배가 불러 정신 못 차린 걸 수도 있다. 어쩌면 이토록 행운이나 행복보다 불행이나 긴장감에 더 익숙하고 편안해하는 피곤한 성격일까? 좋은 건 좋은 거고 기쁜 건 기쁜 건데 왜 미리 불행을 준비하고 예습할까?

무엇보다도 현실감각이 필요했다. 그래서 카메라를 들고 광화문 교보문고로 나섰다. 그날따라 키 작은 어린아이라도 된 것처럼 서점이 크게 느껴져 어지러웠다. 주변의 사람들과 사물들은 모두 흐릿하게 형체 없이 스쳐지나갔다. 입구에 들어서자마자 모든 것을 지나쳐 바로 소설 코너로 직행했다. 그리고 내 책이 벽면의 베스트셀러 스탠드에 진열되어 있는 비현실적인 광경을 목격했다. 처음으로 내 책을 내려다보는 게 아니라 올려다보고 있었다.

고개를 옆으로 돌리니 한국 소설 매대에서도 사람들이 쌓여 있는 내 책을 만지작거리거나 뒤적이거나 아예 저 멀리 가서 야금야금 읽고 있었다. 책 표지 안쪽에 실린 사진의 저자가 나임을 알아보는 사람은 아무도 없었다. 마음속으로 그들에게 고맙다고 인사를 했다. 사실은 다가가서 팔꿈치를 만지며 고맙다고 말로 하고 싶었으나 속으로 꾹 삼키기로 했다.

감정을 추스르지 못하던 나는 그대로 있다가는 서점 한가운데서 코피가 빵 하고 터질 것만 같아, 어떻게든 정신을 차리려고 애당초 그곳에 온 소기의 목적을 달성하고자 했다. 주섬주섬 디지털카메라를 꺼내 당대의 쟁쟁한 소설가들 사이에 계면쩍게 끼어 있는, 다섯 번째 자리를 수줍게 차지하고 앉은 내 아이의 자랑스러운 모습을 찰칵찰칵 서둘러 퍼 담기 시작했다.

그때, 누가 내 팔꿈치를 만졌다. 혹시 나를 알아봤나? 어, 오늘 옷도 막 입고 나왔는데…….

"손님, 여기서 이러시면 안 됩니다."

그 남자분은 교보문고 명찰을 가슴에 달고 있었다.

"사진 찍으시면 안 된다고요."

멍하니 쳐다보는 내게 그가 다시 한 번 정중하고 다부지게 말하며 촬영을 제지했다.

"네? 아, 네……."

그제야 정신이 화들짝 들었다.

'저…… 제가 그 책 저자인데 그래도 안 되나요?'

이 말이 잠시 한 박자 늦게 입안에서 맴돌다가 말았다. 이내 마음이 여유와 웃음으로 가득 찼기 때문이다. 그 직원이 뜯어말려준 덕분에 갑자기 어깨 위의 부담이 단번에 날아가버렸다. 어느덧 나는 혼자 배시시 웃고 있었다.

"죄송합니다. 알겠습니다."

직원분에게 고개를 숙이고 몸을 돌려 그곳을 종종걸음으로 빠져나왔다. 서점의 모든 것은 본래의 익숙한 모습으로 되돌아왔다. 맹맹하게 묵음으로 죽어 있던 서점의 소음은 생생하고 시끄럽게 다시 귀를 간질였고 서점의 광경은 더 이상 어질어질하지 않았다. 그리고 나는 내게 일어난 인생의 이 작은 행운을 그냥 받아들이고 즐기면 되었다. 집에 돌아와 도둑 촬영을 저지당한 이야기를 트위터에 올렸더니, 트위터에서 돌고 돌아 급기야는 서점에서 직접 사진을 찍어서 친히 보내주었다.

늘
연애하는 여자

브라질리안 댄스파티

늘씬하고 까무잡잡하고 젊고 사랑스러운
(Tall and tan and young and lovely)
이파네마의 소녀가 걸어가네
(the girl from Ipanema goes walking)
그 소녀가 지나가면
(And when she passes)
모두들 아~ 하고 감탄하네
(each one she passes goes - ah)
— 〈이파네마의 소녀 The Girl from Ipanema〉 중에서

열세 살이라는 나이는 참 어처구니없도록 어정쩡하다. 머릿결은 한없이 뻣뻣하고 피부엔 자꾸 뭐가 나고 치아엔 교정기를 하고 있

다. 얼굴은 아직 어린애인데 가슴만 어른처럼 훌쩍 선수 쳐서 커버렸다.

소녀와 여자 사이에서 어지럽도록 흔들리며 성장하는 그저 그런 나날들. 스스로에 대한 확신도 없고 자신이 매력적이라고 생각하지도 않고 어디로 향해야 하는지도 모르는 그렇고 그런 열세 살. 낭랑하면서도 심드렁한 보사노바 〈이파네마의 소녀〉처럼 늘씬하고 까무잡잡한 자태로 시원하고 부드럽게 리우데자네이루의 코파카바나 해변을 한들거리며 걷고 싶었지만, 현실의 나는 언니와 함께 쓰던 방문을 잠그고 카세트플레이어에 마돈나 노래를 틀어놓고는 음악 속 세계에 도취되어 방 양쪽 벽에 붙어 있는 두 침대 사이에서 춤을 추는 것으로 겨우 그 어정쩡함을 풀 수밖에 없었다. 하긴 브라질에 살면서 어찌 춤을 추지 않고 배길 수 있을까. 브라질은 춤추는 것을, 몸으로 열정과 애정을 표현하는 것을 사랑하는 나라였다.

브라질 하면 카니발이나 삼바처럼 거대한 춤의 향연을 떠올리지만, 브라질 정신은 소소한 일상 속에서 흔히 벌어지는 댄스파티에서도 얼마든지 볼 수 있었다. 사람들은 수시로 댄스파티를 벌였다. 학교에서 계절마다 주최하는 댄스파티도 있었고 생일 때도, 방학 중에도 아이들은 다양한 이유를 들어 댄스파티를 열었다. 나 역시도 엄마 아빠가 아르헨티나로 여행을 간 사이, 언니와 함께 아파트 단지 1층에 있는 홀을 빌려 댄스파티를 열기도 했다. 필요한 건 많지 않았다. 빈 공간과 음악 그리고 최소한의 조명. 한껏 멋을 내거나 평소 옷차림을 한 사람들. 웃고 설렐 준비가 된 열린 몸과 마음. 나는 푸른색 아이라인을 눈가에 그리고 깃털과 구슬이 달린 귀걸이를 귓불에 끼웠다.

열세 살이라는 나이는 어처구니없도록 균질하지 못한 성장 과정과는 별개로 이성에 대한 열정만은 강하고 정직하게 느끼기 시작하는 나이이기도 했다. 서너 곡의 흥겨운 댄스음악이 흐르고 나면 번쩍번쩍 원색을 뿜어대던 사이키 조명은 이내 흑백 물방울무늬를 그려내며 사방 벽에 넘실댔고, 이윽고 적막이 흐르고 아이들의 신경이 극도로 곤두설 무렵 그 긴장을 단번에 녹여주는 로맨틱한 발라드곡이 흘러나왔다.

평소에 호감을 가졌지만 다가가지 못했던 여자애에게, 친구처럼 누이처럼 정겨운 여자친구에게, 혹은 댄스음악이 끝나는 것을 눈치채자마자 자리에 가서 앉아 대수롭지 않다는 듯 슬로댄스 타임에 관심을 끈 척하는 귀엽고 보이시한 여자아이에게…… 남자아이들은 수줍게 다가가 손을 내밀었다. 함께 춤을 추자고 청할 수 있는 권리는 남자아이들에게 있었으니 음악이 바뀔 때마다 여자아이들의 저마다 다른 사이즈의 가슴은 콩닥콩닥 뛰었고 기다림은 영원해 보였다. 나를 선택해주었다는 설렘과 기쁨을 어디에 비할 수 있을까. 아무도 춤추자고 청하지 않을 때도 있었다. 슬펐다. 그러나 물론 기쁠 때도 있었다.

'내가 얼마나 이 순간을 기다렸는지 알아, 이 바보야!'

어둑어둑한 가운데 은은하게 빛나는 별똥별 조명의 은색 미러볼 아래 이윽고 그 남자아이가 다가와 내 손을 잡더니 성큼성큼 댄스홀로 끌고 나갔다. 나는 부끄러움에 그의 얼굴을 쳐다볼 수가 없었고 그 역시도 아까 손을 잡을 때부터 내 얼굴을 보고 있지 않았다. 아랑곳하지 않고 일단 댄스홀에 도달하기만 하면 되었다. 달달하고 로맨틱한 음악이 두 사람의 주변을 안전하게 감싸면 우리는 누가 먼저랄 것도 없이 서로를 꼭 껴안았다. 나는 남자아이의 목에 두 팔을 걸고, 그는 두 팔로 내 허리를 감싸 안았다. 오른 뺨을 그의 어깨에 살며시 기대노라면 귓가에 그의 목에 맺힌 식은땀이 느껴졌다. 감미로운 음악 하나만으로도 충분히 우리의 몸은 저릿저릿해졌다. 간혹 너무 밀착되면 남자아이는 수줍게 부풀어 오르기도 했다.

"아까는 일부러 다른 여자애한테 먼저 춤을 추자고 했어."

어떤 남자아이는 이 말을 귓가에 속삭여 얼굴이 붉게 물들게 했다. 대꾸할 적당한 말이 떠오르지 않아 하는 수 없이 그의 목에 두른 두 팔에 힘을 더 빳빳하게 줄 수밖에 없었다. 나는 춤의 느낌, 몸의 느낌, 남자의 느낌을 알아가고 있었다.

•

"내가 데려다줄게."

같은 반의 부잣집 친구, 로베르토의 댄스파티에 초대받았을 때였다. 나는 어떻게든 그 파티에 가고 싶어서 안달이 나 있었다. 파티가 늦은 시간에 시작하는 데다 집이 멀다고 엄마는 말렸지만 나는 계속해서 엄마를 설득하던 차였다. 그때 마침 거실에서 한국에서 보내온 신문을 읽고 있던 아빠가 신문을 반으로 접더니 그렇게 말했다. 아빠의 뜻밖의 반응에 엄마와 나는 깜짝 놀라 서로의 얼굴만 물끄러미 쳐다보았다.

정말 약속대로 아빠는 나와 내 날라리 백인 친구들을 한 명 한 명 데리러 가서 한가득 차에 태우고는 파티 장소에 데려다주었다. 나는 흰색 셔츠와 핑크색 카프리 면바지에 은으로 된 고리 귀걸이를 걸고, 푸른색 아이라이너와 립글로스로만 마무리했다. 아빠는 운전하는 내내 뒷자리를 차지한 나의 시건방진 금발 친구들을 상대로 살가운 대화를 아끼지 않았다. 으리으리한 브라질 부자, 로베르토의 저택에 들어서면서도 아빠는 꿈쩍도 하지 않았다. 그런 아빠가 참 멋지다고 생각했다.

친구들과 나는 파티 장소로 탈바꿈시켜놓은 파티오로 향했고 아빠는 우리가 댄스파티를 즐기는 동안 로베르토네 집 본채에서 기다리기로 했다. 로베르토 아빠가 친히 안내해 저택 안쪽으로 들어가는 아빠의 뒷모습을 나는 왠지 걱정이 되어 고개를 자꾸 젖혀가며 보게 되었지만, 그것은 분명 쓸데없는 걱정이었을 것이다. 이내 같이 딸려 온 아빠 따윈 모르겠다는 듯 무아지경으로 친구들과 춤을 추었고, 급기야는 약속했던 두어 시간 후 파티오로 데리러 온 아빠한테 황홀경에 빠져 춤추는 표정을 제대로 들키고야 말았다. 그래도 어두컴컴한 조명 사이로 나를 바라다보는 아빠의 표정과 눈빛이 몹시 부드러웠던 것을 보면 나는 자식들 중 아빠를 가장 많이 닮았던 것 같다.

아빠는 다시 같은 코스로 지치고 졸려 조잘대기를 포기한 나의 여자친구들을 한 명씩 각자의 집에 데려다주었다. 차 안에서 우리는 조용히, 아무 말도 없이 창밖을 바라보고만 있었다. 이윽고 친구들을 다 내려주자 아빠는 우리 사이의 침묵을 너그럽게 채워줄 조용한 피아노 연주곡을 틀었다. 아주 늦은 시간에 귀가한 우리를 엄마는 번갈아 쳐다보면서 고개를 설레설레 흔들었다. 그날 밤 아빠에게 고맙다는 말을 끝내 못했다.

딸에게 있어 아빠가 인생의 첫 남자라면, 딸은 그런 아빠와 언제쯤 한번은 춤을 춰볼 수 있을까? 외국 영화의 결혼식 피로연 장면에서 새 신부와 그녀의 아버지가 댄스 플로어에서 파티의 시작을 알리는 첫 춤을 추는 모습을 보면서 그렇게 부러울 수가 없었다. 정작 먼 훗날, 나의 결혼식에서 현실의 아빠는 갓 결혼한 딸과의 춤이나 포옹은커녕, 하객들의 눈을 피해 피로연장 밖으로 슬그머니 빠져나가 혼자 눈시울을 적셨다고 친구들이 일러주던데……. 그럴 줄 알았다면 그날 밤 브라질리안 댄스파티에서 나는 그의 손을 잡아 댄스 플로어로 초대했어야 했다.

너의 결핍을 좋아하니까

대학 때 정치외교학을 전공했다. 그래서인지 지금 전공과는 사뭇 다른 말랑말랑한 주제의 글을 쓰며 먹고사는 것에 일말의 계면쩍음이 있다. 대학 신입생 때는 "된장찌개는 먹을 줄 알아?"라는 소리도 들었고 여자 선배들이 "너는 의식을 좀 가질 필요가 있어"라며 마르크스나 레닌을 읽으라고 강요하기도 했다. 얼마 전까지만 해도 미국 고등학교의 혁신적인 역사 수업에 감명받아 인생의 방향을 틀어 전공을 미술에서 정치학으로 크게 바꾸었건만, 이제는 이 길로 오게 만든 미국을 향해 제국주의 타도를 외쳐야 하는 입장이 되었다.

정국은 여전히 어수선했고 집회와 가두데모는 끊이지 않았다. 그래도 궁금했던 공부를 할 수 있으려니 하며 큰 기대를 가지고 한국 대학의 정치학과에 진학했지만, 아쉽게도 대부분의 정치학 수업은 일방적인 강의와 받아 적기의 연속이었다. 그러다가 별 기대 없이 신청한 한국정치사 수업에서 교수님이 대뜸 칠판에 주제를 써놓고 학생들에게 질문을 던지길래 속으로 환호성을 질렀다. 과거에 경험했던 토론 수업의 희열감이 되살아나는 것 같았다. 학생들 서너 명이 열심히 자기 의견을 피력했다. 그런데 그 '오프닝쇼'가 끝나자 교수님은 딱 흐름을 자르더니 이내 자신의 해답(이라고 주장하는 그것)을 우렁차게 설파하기 시작했다. 교수니까 당연히 논리도 그럴싸했고 학생들은 다 기가 죽어 큰 강의실에는 이내 정적이 흘렀다. 교수가 당연하다는 듯 자신의 말을 정답으로 규정하는 것이 너무나 위험하다고 느껴져 절망적인 기분이 들었지만 뭐라고 대꾸할 만큼 아는 것도, 용기도 없었다.

외국에서 공부하고 왔다는 것 때문에 부르주아로 낙인찍히는 시선에 콤플렉스 같은 게 있어 나름 그걸 극복한답시고 과 내 학회에도 들었다. '제3세계정치학회'라는 곳이었다. 막연한 감으로 사람들이 왠지 고압적이거나 버거울 것 같지 않아 들었던 그곳은, 나중에 알게 되었지만 과 내의 다른 세 학회의 운동권 성향과는 거리가 멀어도 한참 먼, 의식적으로 거리를 두던 학회였다. 물론 이쪽에선 거리 두기지만 저쪽에선 '제3세계'적 취급을 받았다. 무엇을 함께 공부했는지는 기억이 안 나지만 최소한 마르크스니 엥겔스니 레닌이니 하는 인물들이 등장하지 않은 것 하나는 확실히 기억한다. 결국 나의 무의식적 지향성이라는 게 잘해봤자, 애써봤자 겨우 그쯤인가 싶었다.

그래도 들락날락하는 동안 적어도 휘둘린다는 느낌은 없었다. 여자가 적은 과라 좋든 나쁘든 필요 이상의 관심을 받아서인지 다른 학회의 존재감 강했던 남자 선배들은 왜 내가 그 '비주류' 학회에 굳이 들어갔는지 이해를 못했다. 하지만 그렇게 걱정해줄 문제도 아니었다. 기질상 한 이념의 기치 아래 똘똘 뭉치는 뚜렷한 목적의식과는 천성적으로 멀었던 회원들 덕분에 학회는 얼마 안 가 단명했기 때문이다. 그로부터 이십여 년 후 다른 학회의 카리스마 선배들이 총동문회에서 요란한 손놀림으로 찔러준 대표 명함을 집에 와 신나게 찢으면서, '제3세계'의 그들이 대체 지금 어디서 뭘 하며 사는지 궁금했다. 총동문회에 기름지게 나타나긴커녕 아마 어디 가서 출신 학교도 안 밝힐 듯싶다.

가끔 그 시절 '제3세계정치학회'의 남자 회원들이 떠오른다. 운동 같은, 몸을 움직이는 것과는 담 쌓은 듯 독특한 체구를 가진 그들이 입을 열기 시작하면 한국정치사에 무지했던 나는 그들이 푸는 '썰'을 양손으로 턱 괴고 귀 쫑긋 진지하게 듣곤 했다.

"왜 이렇게 아는 게 많아?"

이렇게 말하며 다소 짜증 내듯 입을 뾰족 내밀거나 눈썹을 추켜세우면 그들은 얼굴에 홍조를 띠었다. 그들이 속으로 퍽 흡족해함을 알 수 있었고, 유일한 여자 회원이라고 특별 대우를 의식적으로 안 했던 정치적으로 공정한, 뻣뻣한 그들이었기에 이러한 심리적 방어가 무너지는 순간을 지켜보는 것이 싫지 않았다. 고집스럽고 오덕 같은 외모나 퉁명스러운 기본 태도와는 달리 여리고 의외로 쉽다는 취약점 때문에 훗날 자칫하면 엄청 이상한 여자들에게 엮이거나 휘둘리겠구나 싶기도 했다. 그럼에도 그들의 가장 사랑스러운 점은 본인이 독특한 것을 본인만 잘 모른다는 것이었다. '저 사람은 대체 무슨 생각을 하는 걸까?'가 일반적인 호감의 전조라면 나는 이미 충분히 그들에게 매혹되었던 것 같다.

다행히 그들의 독자적 세계가 안드로메다까지 안 간 이유는, 그들이 아무리 현란하고 매정하고 덜 인격적인 세 치 혀를 보인다 하더라도 스스로를 조롱할 수 있는 능력이 그들을 구원했기 때문이다. 그 '자기조롱 능력'을 이루는 것은 자기 객관화와 유머 감각일 텐데, 반대로 그것들이 결여되면 적신호 반짝, 전염병 환자처럼 그 누구도 가까이 다가가지 않을 외톨이로 전락하게 되는 건 시간 문제였다.

이쯤 되면 고백할밖에. 나는 '오덕(오타쿠)' 기질의 남자를 좋아했다. 그리고 대개 좋아하는 타입이라는 것도 습관인지라, 나의 오덕 편애 성향은 그로부터 꽤 오래도록 지속되었다. 그들은 너무나도 독특하고 이상한데, 다른 것도 아닌 그 독특하고 이상한 기질에 중독되었다. 그들에겐 저마다 다른 지점에서 예민하게 작용하는 결핍이 있었는데, 그들이 가진 결핍을 나만 발견할 수 있고 이해하고 사랑해줄 수 있다고 생각했던 것 같다. 때로는 그 결핍이야말로 그가 가진 놀라운 장점을 지탱해주는 원동력이기도 했다.

"왜 굳이 그런 남자를 만나니?"

주변에서 이해가 안 간다는 듯 만류해도 적어도 나만은 그들의 아픔과 기쁨을, 재능과 결핍을 알아보고 보듬을 수 있다고 감히 생각했다. 나의 결핍과 그의 결핍은 다른 사람들은 이해하지 못할 저 그늘진 지점에서 만나, 우리가 가진 외양의 모든 피상적인 조건들은 벗어던진 채 서로의 밑바닥에 깔린 진짜 모습을 마침내 알아보고 서로를 부둥켜안을 수 있다고 믿었다. 그와 내 안에는 과거의 아픔을 채 처리하지 못한 저마다의 남자아이와 여자아이가, 혹시나 주변에서 알아차릴까 호흡을 숨기고 있었다. 우리가 서로에게 마음의 문을 열었을 때 우리 안에 수줍고 외롭게 숨어 있던 여자아이와 남자아이는 마침내 만날 수 있었다.

그러나 어쩌면 그것은 나 혼자만의 환영이었는지도 모른다. 활짝 열 것처럼 보였던 그 마음의 문은 미약한 상처에도 확 굳게 닫혔고 내가 사랑했던 그의 결핍은 자주 나를 공격하기 위한 도구로 쓰였다. 무언가에 깊이 빠지는 습성 때문에 한번 자기 여자가 되면 그 누구보다도 소중히, 열심히 그리고 다른 남자들에 대해 엄청난

질투를 품으며 자기 여자를 지긋이 오래도록 아껴줄 남자라고 믿었지만, 또 그만큼 한번 눈 밖에 나면 자비 없이 버릴 수 있는 것도 그들이었다.

대개 모든 연애가 끝이 나면 그렇기 마련이지만 이 남자들의 경우에는 특히나 '내가 대체 저 남자의 어떤 면을 좋아했던 거지?'라며 스스로의 행적을 되돌아보고는 어이없어지곤 했다. 그토록 취약해 보여서 더 감정적으로 마음을 주었던 그 '결핍'이라는 것도 지나고 나니 그저 남들과 하나도 다를 것 없는 찌질함이나 저열함에 불과했다. 이렇게 감정을 투영하고 의미를 크게 부여하는 남자들도 드물었다. 하지만 다른 남자들과의 차이가 그토록 컸기에 이게 연애가 아니면 또 뭐가 연애일까 싶기도 했다.

이상한 남자에게 끝까지 두 눈 다 뜨고 코 베이고 휘말려버리는 것, 내가 잘못한 게 없어도 알아서 먼저 비굴해지는 것, 나에게 못되게 잔인하게 굴어도 불필요하게 관대해지는 것. 그것들이 그의 탓이 아닌 나의 결정적인 결핍 탓임을 알았을 때 깨달았다. 정작 독특하고 이상한 사람은 사실 나라는 여자였다는 것을.

청춘의 합숙

요새는 어떤지 모르겠지만 내가 대학생이던 시절에는 엠티를 가면 자연스레 혼숙을 했다. 말이 혼숙이지 대개 밤새워 술을 먹거나 그저 적당히 아무렇게나 널브러져 토막잠을 자는 거였다. 자다 보면 어느새 남자 동기나 선배가 내 옆에서 코를 골고 있었다. 참 다들 순진하고 대담했다.

한 동아리의 신입생 환영 엠티 장소는 강원도였다. 다음 날 또 험한 산행을 해야 해서 술을 거의 안 마시고 일찍 잠자리에 들었다. 의도적으로 골라서 들어간 건 아니지만 그 동아리는 80년대 말 당시의 여느 일반적인 동아리들과는 달리 온건하고 보수적인 성향의, 완연히 중산층 출신으로 보이는 아이들로 이루어져 있었다. 원래도 회원들 자체가 술 퍼마시며 삶의 부조리나 소용돌이처럼 돌아가는 정치권이나 교활한 기득권자를 개탄할 성향의 애들이 아니었다. 그렇게 함으로써 뭘 얻을 필요가 없는 아이들이었던 것 같다.

선후배 고루 섞여 저녁밥을 지어 먹고 설거지를 하고 맥주 한 캔 마시며 도란도란 이야기를 나누다가 10시가 되자 우리는 유치원생 낮잠 자듯 비좁은 방에서 질서 있게 나란히 누워 불을 껐다. 이름을 알 수 없는 여름 곤충들이 우는 소리를 배경음으로 어느덧 코 고는 소리, 이 가는 소리가 앙상블로 합쳐졌다.

대학생으로서의 첫 여름방학에다 첫 강원도 여행. 아직은 조금 낯선 동아리 사람들. 그래도 이번 여행을 통해 조금씩 마음을 열게 된 고마운 몇몇 친구와 선배들. 봄에만 해도 외국에서만 살던 내가 한국의 대학 생활에 잘 적응할 수 있을까 걱정했지만, 내 나라에서조차 그 사회나 사람들에게 먼저 숙이고 적응하는 것이 싫어 그냥 편안히 스스로를 드러내기로 작정했다. 의아한 건 의아하다고 표현하고, 이해가 안 가는 것은 따지고 물어보고, 받아들이지 못하는 것은 완강히 거부하면서……. 지난 몇 개월간의 여러 일들이 스치듯 떠오른 것도 잠시, 낮에 했던 등산으로 피로해진 나는 어느새 깊은 잠에 빠져들었다.

그때였다. 어떤 손가락이 내 가슴을 더듬더듬 스쳤다. 너무나 순식간에 일어난 일이라 어떤 반응을 하기도 전에 그 손은 자진 철수했다. 불쾌함보다는 놀라움이 앞섰다. 그 손이 오른쪽에서 왔는지 왼쪽에서 왔는지도 알 수가 없었다. 누구인지 알기 위해 이 한여름 밤의 정적을 깨야 할까, 불을 켜고 여자 선배에게 털어놓아야 할까…….

신경이 곤두서면서 머릿속이 복잡해질 무렵, 또 한 번 그 손이 내 가슴 위로 뻗어와 이번에는 조금 더 오래 머물렀다. 바로 전까지도 들리던 코 고는 소리나 이 가는 소리는 온데간데없이 같이 누워 있는 십여 명의 남녀 대학생들은 그 누구도 숨조차 쉬지 않는 것처럼 조용했다. 마치 모두 자는 척 연기를 하면서 숨소리를 꾹 참고 이 사태를 적막 속에서 관망하는 것만 같았다.

나는 그 손을 후려쳤다.

정적 이상으로, 마치 합의된 듯한 깊은 침묵이 방 안에 감돌았다. 이번에는 내가 숨소리를 꾹 참을 순서였다. 이 다음엔 무슨 일이 일어날지 두려웠다. 다음 순서가 올까 봐 마음 놓고 잠이 들지도 못했다. 마치 내가 다음 차례를 기다리는 모순에 빠졌다. 어쩌면 두 번째 내 몸에 닿은 손은 처음의 그 손과 다를 수도 있겠다는 생각이 뇌리를 스쳤다. 심장이 옥죄이는 것 같았다. 그 후로도 한참 아무 일도 일어나지 않았고 나는 잠이 들었다.

"푹 잘 잤니?"

눈을 떠보니 이미 라면 냄새가 방 안을 가득 메우고 있었다.

"어서 일어나서 밥 먹어."

이 동아리는 선배의 권위를 내세우며 신입 후배들을 부리지 않았다. 아마도 신입들이 많이 들어오지 않아서 귀한 대접을 받는 모양이었다. 도리어 선배들, 특히 남자 선배들이 솔선수범해서 마치 끔찍한 애처가 남편처럼 먼저 일어나 이불을 개고 큰 솥에 라면을 끓이고 밥을 지었다.

한마음 한 가족.

그렇지 않아도 우리는 함께 맞춘 단체 티를 정답게 입고 있었고 남자 선배와 동기들은 언제나처럼 착하고 다정하고 장난기가 넘쳤다. 신입 후배 중 유일한 홍일점이던 나는 가장 늦게 일어나도 막내 주제에 기합이 빠졌다고 야단을 맞긴커녕, 어서 와서 식기 전에 라면 먹으라고 남자 선배들이 일제히 미소 지으며 손짓했다.

저 중에 그 손들이 있었겠지만 나는…… 의아한 건 의아하다고 표현하거나 이해가 안 가는 것은 따지고 물어보거나 받아들이지 못하는 것은 거부하는 대신, 자리를 털고 일어나 선배들이 차려주는 아침 밥상을 받아먹었다. 매미 울음소리는 귀가 멍해지도록 점점 커져가고 있었다.

•

추운 겨울날이면 대학가의 여관들이 생각난다. 그때 아이들은 정말 이런저런 말도 안 되는 핑계를 대고 정신을 잃도록 술을 퍼마시곤 했는데, 새벽에 막차를 놓친 아이들은 떼 지어 학교 근처 여관에서 함께 투숙을 하곤 했다.

여학생이 끝까지 남아 있을 경우, 남학생들은 최소 세 명 이상 같이 한 방에 들어가면 안전할 거라고 판단했던 모양이다. 잠은커녕 밤새 술을 더 마시겠노라고 호언장담하면서. 그러나 아무리 강철 체력 이십 대라 하더라도 급기야는 하나둘 뻗었고, 실은 방에 들어간 남녀 비율보다는 누가 그 여학생의 옆자리에 눕게 되느냐가 문제였다. 물론 애초에 호감 가는 남학생이 그 무리에 껴 있었기에 여학생도 겁 없이 들어갔을 것이고 둘은 이내 자석처럼 이끌리듯 나란히 누웠을 것이다.

"그럴 생각이 아니었는데……."

여자아이들은 마치 소중하고 애틋한 추억의 앨범을 꺼내듯 수다스럽게 그 은밀했던 기억을 공유하려 했다. 그녀들은 그날 밤 일을 회상할 때 늘 자신이 의도하지 않았다는 점과 아이들이 떼로 몰려갔음을 강조했지만, 차라리 그 남자와 단둘이 들어갔더라면 듣는 내가 뒷맛이 그리 쓰진 않았을 것 같다.

"……설마 아무도 눈치채지 않았겠지?"

졸업 후, 적지 않은 수의 첫 관계가 그런 한겨울 날의 우정 어린 합숙에서 이루어졌음을 알게 되었다. 세월이 한참 흘러 여자아이들은 도시 전설의 여주인공인 양 그 은밀한 기억을 폭로하고 말았는데, 문제는…… 친구야, 나 이미 그 사실 알고 있었단다. 남자들이 얼마나 입이 싼지 모르는구나. 하긴 모르는 게 구원이다.

다행인지 불행인지 술에 취하는 것을 안 좋아하는, 재미없는 여자아이였던 나는 그런 무용담 없이 학교를 졸업했다. 다른 여자아이들이 성 문제에 대해 긴장하고 고민하고 방어하거나 방치하던 사이, 나는 그냥 연애를 하면서 모든 것이 때가 되면 자연스럽게 몸을 열 수 있을 거라고 상상만 했다. 두렵지도 아깝지도 거추장스럽지도 않았고 당시의 직감을 중시하기로 했다.

돌아보면 당시 남자친구들의 인내심은 대단했지 싶다.

"아직 준비가 안 된 것 같아. 그 느낌 알아?"

"……알 것 같아. 알았어."

바보, 당연히 알 턱이 없었다.

그랬던 남자아이들은 세월이 흘러 더 이상 바보가 아닌 '남자'로 커서 한겨울에 다시 나타났다. 마치 이제 준비됐잖아, 라는 듯. 졸업 후 우연을 가장해서 다시 만날 때엔 더 이상의 자연스러움이나 우발성은 없었다. 확연하게 어른이 된 우리는 많은 것들이 예측 가능했고 몸을 공유하지 않았던 관계는 오로지 몸만을 의식했다.

"추운데 어디 들어갈까?"

'어디?'라고 물을 겨를도 없이 그의 젖은 눈매가 묵직한 공기로 내 몸을 에워쌌다. 그 냉기 서린 축축함에 등골엔 소름이 끼쳤고 정신은 쭈뼛쭈뼛해졌다. 아뿔싸, 이 남자는 받을 것을 받으러 온 거야. 그의 눈망울에선 물기가 사라지고 불의 기운이 서서히 올라오기 시작했다. 눈동자 속에서 불꽃을 피우는 것도 모자라 벌겋게 그을린 다크서클 같은 것이 눈가 아래로 짙게 퍼져 나왔다. 몸이 먼저 그렇게 성급히 말을 했다. 그 상기된 표정에 마치 나는 쫓기는 빚쟁이가 된 것만 같았다. 눈물겹게도 꼭 끝까지 안 갔던 남자들만 이렇게 망령처럼 다시 내 앞에 나타났다.

"우리 집에 왜 왔니 왜 왔니 왜 왔니. 꽃 찾으러 왔단다 왔단다 왔단다……."

대개의 빚 받으러 온 사람들이 그렇듯, 그들은 처음엔 좋게 좋게 말하다가 무슨 말에 욱하면 표정이 사나워지며 거칠게 나왔다. 어서 미뤄왔던 볼일을 시원하게 보려는 듯 서두르는 감도 없지 않았다. 그러나 우리 관계에서 빠졌던 유일한 퍼즐을 마침내 끼워 넣고 나면 그는 고요한 표정과 초연한 뒷모습을 보이며 떠날 것이고, 두 번 다시 서로를 볼 일이 없으리라는 것쯤은 미리 알 만큼 우리는 완연한 어른이었다.

늘 연애하는 여자들은 뭐가 다를까

연애하는 여자들은 그 어느 때나 연애를 하고 있었고 연애 안 하는 여자들은 그 어느 때나 연애를 안 하고 있었다. 격차는 어디에나 존재했다.

나는 늘 연애하면서 살았던 여자다. 애초에 스스로를 감정 면에서 잘 통제할 수 있는 타입의 인간이 아니었다. 일단 사랑에 빠지면 그 외의 것들은 모두 무의미해지거나, 그 사랑을 위해서만 의미 있는 것으로 탈바꿈되었다. 시중에는 늘 연애 중인 여자들은 연애 못하는 여자들에 비해 대체 뭐가 다르고 특별할까를 여러 측면으로 분석해서 매혹적인 유혹의 전술을 소개하는 책이나 잡지가 무성하지만, 그런 벤치마킹 노력들은 모두 하등의 쓸모가 없다는 생각이 든다.

십 년 가까이 연애와 사랑에 관한 글을 써오면서 도달한 지점은,

결국 그런 거 다 필요 없고 그녀들은 원래가 그렇게 생겨먹은 것이라는 깨달음이었다. '원래 그런' 여자들을 따라 한다는 건 이미 시작부터가 지는 게임이다. 그녀들은 그저 남자들을 속수무책으로 좋아할 뿐, 감정을 쏟아내는 내면적인 능력은 애초에 배워서 될 문제가 아니었다.

그렇다고 연애하는 여자들이 반드시 더 객관적으로 매력적이거나 우월하거나 세련되다고 보기는 힘들었다. 결핍을 있는 그대로 드러냈고 단순하고 유치했다. 좋아하면 앞뒤 안 보고 다가서는, 상대 입장에선 참 편리하고 쉬운 여자가 나중에 가서는 버겁고 무서운 여자가 될 게 뻔했다. 요령이 없었고 본전 생각도 안 했고 센 척도 못했다. 이건 순수하다고 자랑하는 게 아니다. 날것 그대로의 마음을 상대에게 부딪치지 않으면 답답해서 죽을 것 같아 이기적으로 구는 것뿐이다. 표정과 말투에 뻔히 드러나니 밀고 당기기 같은 건 할 수도 없었다.

나 자신을 돌아봐도, 단 한 번도 연애에 관한 한 '학습'이 이루어진 적이 없었다. 나는 인터뷰에서 "연애 많이 해보셨죠?"라는 사적인 질문을 인정사정없이 받는 여자인데, '많이'의 개념이 뭔지는 모르겠지만 일단 그 우문을 던진 기자보다 많이 해본 것은 분명했다. 그러나 연애에 있어서 숫자가 무슨 의미일까. 치명적인 결함들은 나아질 기미가 안 보이는데.

나는 누군가를 좋아하면 인정사정없이 푹 빠졌다. 시간이 오래 걸리지도 않았다. 자나 깨나 그 사람 생각으로 온몸이 '절임' 상태가 되고 오른쪽 눈썹 위 이마쯤에 그 사람의 얼굴이 온종일 대롱대롱 매달려 다녔다. 그렇게 노상 붙이고 다니면서도 그 사람을 끊임없이 그리워하느라 속살이 매 순간 아리거나 심장이 당장에라도 터질 지경이었다.

바보가 아니니깐 머리로는 먼저 연락하거나 사랑한다 말하면 안 된다는 것쯤은 알고 있었다. 나이가 든다고 감정이 잘 통제되는 것도 아니었다. 그 나이가 돼서도 매번 조바심 내고 애간장을 태웠다. 감정을 표현하고 내지르고 싶어 안달하는 내 모습을 발견할 때마다 '참 사람은 지긋지긋하게 안 변하는구나' 싶어 깊은 한숨을 내쉬었다. 비록 그 후에 남는 것이 서로의 실체에 대한 실망과 몰이해, 그리고 마침내 이별이라 할지언정, 최소 매일 반나절은 그 사람과 몸과 마음을 꼭 끼운 채로 보내야 직성이 풀릴 것 같았다. 이런 정신 상태가 파멸을 보다 확실하게 가져다줄 걸 알면서도 나도 나를 어쩔 도리가 없었다.

이런 말을 듣곤 했다.

"너랑 사귀고 있으면 어디론가 빨려 들어갈 것만 같아."

블랙홀 같은 여자? 그 말을 어떻게 받아들여야 할지 몰라 당황한 내 얼굴에 핏기가 가시자 그들은 시선을 피한 채 이렇게 덧붙었다.

"네 잘못이 아냐. 너를 감당 못하는 내가 못난 놈이라서 그래."

그렇게 자상한 말을 해주지 않아도 그게 나의 병적인 유전자 때문이라는 것쯤은 받아들일 요량이었다.

가끔 나의 사랑을 지켜보던 주위 사람들은 이렇게 나무라기도 했다.

"너는 너무 혼자 뜨거워지는 경향이 있어."

"넌 그냥 사랑을 사랑한 걸 거야."

하지만 그것은 그 사람이니까 가능했다. 아무리 쉽게 사랑에 빠진들 나도 취향이라는 게 있는데 그런 식으로 치부하니 마음이 아팠다. 굳이 순순히 죄를 인정한다면 내가 상대를 처음부터, 혹은 도중부터라도 '더' 사랑했다는 점이다. 적당히 나 좋다는 괜찮은 남자와 '사귀어주는' 것보다 너무너무 좋아하는 남자가 생겨 온몸과 온 정신의 예민함을 끌어 모아 최선을 다해 그를 내 것으로 만드는 일이 더 깊은 충만감을 주었다. 물론 더 많이 사랑하는 사람이 더 애태우고 마음 닳고 차일 가능성은 높지만 어쩔 수 없이 항복하는 감정을 가질 수 있는 것, 상대 앞에서 자신 있게 무력해지는 것마저도 행복했다.

어차피 상대를 진심으로 좋아하면 그 어떤 연애라도 백 퍼센트 상처 받게 되어 있다. 사실, 연애를 '잘'하는 여자들은 그만큼 자주 차일 각오를 한 여자들이었다. 남자에게 늘 먼저 이별을 고하는 대단한 여자들이야말로 자기 좋다는 남자와 '사귀어주기만 한' 불쌍한 여자들일 것이다.

여기까지 읽은 당신은 어떤 생각을 할까. 옛날 생각에 가슴이 뜨거워질까, 아니면 '소설 쓰고 앉았네'라며 불쾌한 미소를 지을까? 실제로 나는 이 감정 덩어리를 어쩌지 못해 연애소설을 썼다. 소설이 나온 후 "어떤 독자들이 읽길 원하느냐"라는 한 인터뷰 질문에 "연애를 할 만큼 해본 여자들이 읽어야 재미있을 것이다. 연애 별로 안 해본 여자들은 공감하기 힘들 수도 있다"라는 대답을 했다가, "가뜩이나 연애 못하는 것도 서러운데 여기서도 차별하느냐"라며 뭇매를 맞은 적도 있다.

그러나 나는 그 어느 때보다 솔직하고 진지했다. 연애를 하고 안 하고는 자격증이나 인간 됨됨이 레벨 테스트가 아니니, 연애 못하는 게 인간적인 하자처럼 치부될 일도 아니지 않은가? 게다가 연애하는 여자와 안 하는 여자의 차이는 단순히 운 좋게 주변에 쓸 만한 남자가 있느냐 없느냐라는 환경적 요인이 아닌, 세상을 살아가는 근본적인 태도에서 비롯한다. 그리고 사랑에 대한 태도가 근본적으로 다른 두 여자 사이에는 연애운이나 환경이나 테크닉 따위의 문제가 아닌, 상상 이상으로 큰 강이 흐르고 있다.

오랫동안 '뒤도 돌아보지 말고 연애할 수 있을 때 연애하라'라는 취지의 글을 연애를 안 하거나 못하고 있는 여자들을 대상으로 써왔지만, 돌아보면 '왜' 연애할 수 있을 때 연애를 해야 하는지에 대한 설명이 논리적으로도 부족하고 충분치도 못했던 것 같다. 왜 그랬는지 이제는 알 것 같다. 그것은 내 마음 깊은 곳에서 그 논제 자체가 설득력이 없다고 생각했기 때문이다. 그러니까 연애라는 행위는 일반적인 '강력 추천'의 범주에 들어갈 성질의 것이 애초에 못 된다는 말이다. 한 사람이 다른 사람에게 진정한 의미에서 연애하는 법을 가르칠 수 없듯이, 누군가에게 왜 연애를 해야 하는지에 대해 논리적으로 설명하기는 불가능하다는 것을 조금씩 겸허히 받아들여가고 있다.

연애가 정말 그렇게 좋은 것일까라는 의심도 함께 들었다. 사실 연애는 위태위태하고 불확실하기만 하다. 연애를 안 하고 있는 사람들은 연애 못한다며 불안해하지만 누군가를 사랑하지 않는 상태가 더 자유롭고 평화롭다는 사실을 새삼스레 통감하고 있다. 연애하는 여자들은 어쩌면 이리도 적응과 변화에 더딜까? 좀 '드라이'하게 살아볼까 다짐해봐도, 다시 말하지만 원래가 그렇게 생겨먹은 것이다. 이것은 놓인 정황에 따라 때로는 축복이 아닌 저주가 된다. 저주임을 알면서도 또 한 번 강을 건너고 만다.

그 모든 환희와 파멸의 과정을 강 건너에서 '드라이'하게 지켜보는, 연애 안 하는 여자들은 이런 질문을 던질지도 모른다.

"그럼 왜 또 연애해?"

혹자는 운명론을 논할지도 모르지만 사실 연애하는 여자들은 운명적인 사랑을 믿을 만큼 또 순진하지는 않다. 그 대신 그녀들이 직접 목격하고 만지고 느낄 수 있었던 것은 운명적인 사랑의 '순간들'이었다. 그 찰나의 황홀경을 느끼게 해준 몇 번의 운명적인 순간들이 그 다음 사랑을 낙관적으로 꿈꾸게 할 만큼 깊고 강렬했던 것이다.

사랑이 어떤 형태로든 가시적인 결실을 가져다줄 수 없음을 그녀들은 어느 순간부터 눈치채고 있었는지도 모른다. 다만 운명을 느끼게 하는 그 충만한 순간들이 자신의 마음속에 깊은 흔적을 만들어놓고 갔다면 '그것으로 된 거다'라는 자연스러운 체념이 슬픔을 대신했다.

장남, 차남 그리고 막내외아들

살면서 내가 진정으로 좋아했던 남자들은 죄다 '누나 많은 집의 막내외아들'이었다. 즉 '딸, 딸, 딸, 아들' 혹은 '딸, 딸, 아들' 조합 중 막둥이 고추. 위에 형이 끼어 있어도 안 되고 밑으로 동생이 있어도 안 된다. 아들 보고야 말겠다는 일념으로 부모가 애써 뽑아낸 아드님들.

귀하게 얻은 아들이라 과잉보호받은 마마보이로 클 것 같지만 그게 또 안 그렇다. 아들 하나 낳았다는 안도감에 긴장 풀리고 그 사이 부모는 많이 늙고, 늦둥이 아들 낳아 유난 떤다는 지적받기 싫어 상상 외로 이들은 자유롭게 큰다. 대가 없는 사랑만큼은 넉넉히 받으니 의무감이나 콤플렉스도 없다. 커서는 누나들이 같이 놀아주지 않아 '혼자 놀기'를 터득하면서 다양한 관심사와 호기심으로 자기 세계가 확고해진다. 누나들의 은밀한 대화를 엿들으며 자라서 여자도 좀 알고.

어쩌다 보니 유독 그런 배열로 태어난 남자애들을 많이 만났는데 이 '누나 많은 집 막내외아들'의 매력은 자연스럽고 자유로운 마인드에 있었던 것 같다. 자기 세계를 구축해서 살아가는 소년은 타인에게 영향력을 행사하려 드는 권위 따위엔 별로 관심이 없다. 나는 여자로서, 연인으로서 그들과 영향을 주고받으며 연애한다기보다는 나는 나, 너는 너의 상태에서 서로를 관찰하고 소통하는 것이 즐겁고 행복했다. 덩달아 희한하게도 공통점이 하나 더 있었는데, 그들의 아버지가 모두 선생님이라는 직업에 종사한다는 점이었다. 보수적 가치가 소박함과 만났을 때 나오는 반듯함과 공정함(부모님의 영향)이 독창성, 자유로움(본인의 자발성)과 함께 섞이면 그거 무척 매력적이었다. 난 그들을 사랑한다기보다 그들에게 반해 있었다.

연애 장르로 쳤을 때 가장 앙칼진 상대는 '아들, 아들' 집의 장남들이었다. 허우대는 가장 멀쩡했지만 장남이라는 무게감과 어려서 누리지 못한 응석이 섞인 불안한 영혼들은 여자와의 어떤 '작용'을 통해 자꾸 상대의 무언가를 앗아가려 했다. '아들, 아들' 조합에서 엄마는 사실상 차남보다 장남을 더 사랑함에도, 장남은 그 사랑이 남동생한테 옮겨가지 않을까 늘 노심초사했다. 그러다 보니 자존심도 세고 예민하고 머릿속에 복잡한 상념들이 얽힌 그들은 여자와의 관계에서도 조금 뒤틀린 데가 있었으며, 여자를 좋아하고 의지하면서도 동시에 통제하려 들기도 했다. 그렇게 이 장남들은 황홀한 만큼 고통스러웠다.

반면 차남들은 언제나 형과 너무나 딴판이었다. 형처럼 즉흥적이기보다 한발 물러서서 상황을 인식하는, 현실적이고 냉철한 남자들이었다. 성실한 노력파라 나중에 형보다 더 성공하기도 했다. 형만 한 아우 없다는데 꼭 그렇지만도 않더라. 돈과 정성을 쏟아부은 쪽은 장남인데, 막상 차남은 물 안 줘도 혼자 쑥쑥 잘 크는 떡잎이었다. 여자도 진중하게 사귀고 자상한데, 다만 혼자 생각 많이 하며 과묵하게 커온 터라 여자 입장에서는 좀 외로울 수도 있겠더라. 나는 이들과는 단 한 번도 연애로는 발전이 안 됐지만 항상 상호 간에 인간적인 존중과 호감이 존재했다. 이렇게 내 인생에 관여한 남자들은, 그리고 내가 깊이 매료당했던 남자들은 더도 말고 딱 이 세 유형이라는 건데…….

지금 난 공교롭게도 '딸, 딸, 딸, 아들' 집의 선생님 아들과 결혼해 십삼 년째 살고 있다. 그는 여전히 철부지 소년 같고 혼자 잘 놀며 무슨 생각을 하는지 아내인 나도 잘 모르겠다. 누나들에게 안 보여주려 하던 자신만의 공간이 있었듯, 아내인 나도 결코 볼 수 없는 그만의 방이 있다. 또한 늘 그 무엇으로부터도 자유롭다. 너무 자유로워 가족의 미래가 다소 걱정되기도 하지만 그가 혼자 가족의 미래를 짊어져야 하는 것도 아니고 나 또한 아무 생각 없는 막내이다 보니 그냥 이대로 살련다.

'아들, 아들' 집의 장남들은 어떻게 주소를 찾아내는지 가끔 정신 나간 이메일을 다 보내준다. 여전히 자신에 대한 확신이 과다하고, 여전히 눈물겹도록 꿈을 품고 있다. 그 꿈을 그토록 멋지게 피력하지 않아도 난 영원히 당신들을 마음속에 간직한 채 멋지다고 생각할 테지만 그래도 다시 한 번, 또 한 번 그들은 인정을 갈망했다. 사실 그것은 어차피 아무 도움이 안 된다는 것을 알면서도 무모하게 조른다. 또한 어쩌다 보니 지금 내가 하는 일에 묵묵히 음으로, 양으로 도움을 주는 외간 남자들은 모두 '아들, 아들' 집의 차남이더라.

섬세하고 예민한 남자

무라카미 하루키 소설 『상실의 시대』에 등장하는 나가사와 선배는 내게 마성의 상징이었다. 주인공 와타나베의 대학 기숙사 선배인 그는 잘나고 이기적이고 야비하고 나쁜데 매력적이다. 아름답고 우아하고 상냥한 하츠미를 애인으로 두었으면서도 노골적으로 다른 여자들을 섭렵한다. 내성적이고 예민하고 조금은 감상적인 와타나베는 그녀, 하츠미 씨가 아깝고 안쓰럽다.

"이상해요. 하츠미 씨 같은 분이면 그 누구와도 행복할 것 같은데, 왜 하필이면 나가사와 선배 같은 사람에게 집착하는 거죠?"

물론 그녀도 알고 있다. 애인으로서는 형편없는 남자임을. 주변에서 관두라는 소리도 많이 들었고 도망가는 것도 생각해봤을 것이다. 도망갈 수 있었다면 진작에 도망갔다. 도망갈 수 없으니까 고통스럽다. 그저 말없이 세상에서 가장 매혹적인 미소를 지어 보일

밖에.

처음 만난 순간부터 이건 좀 위험하다 싶었을 것이다. '착하고 좋은 사람인 줄 알았는데 막상 만나보니 나쁜 남자였네?' 같은 건 마성의 남자가 아니다. 그건 인생 경험이나 연애 경험이 없어서 엉뚱한 사람을 고른 '실수'이거나 자기 성격의 취약한 부분이 상대에게 딱 걸려 휘둘림당하는 '악연'이다. 순수한 마성적 끌림은 딱 보는 순간 '아, 이건 안 되겠군. 항복' 같은 것이다. 마음 단단히 먹으면 초반에 물러설 수도 있지만 다리가 굳는다. 그러고는 스스로 다독인다. 누굴 많이 좋아하면 무기력해지고 슬퍼지는 게 정직한 거 잖아? 행복해지려고 사랑하는 것만은 아니잖아?

여자는 힘들어도 감히 "난 당신에게 어떤 존재야?"라고 물을 수 없다. "네가 내 여자라는 사실만은 틀림없잖아." 남자는 미간을 찌푸리며 여자의 어깨를 확 끌어당겨 안아버릴 테니. 그래, 상처를 받아도 이건 '내 남자'한테 받는 상처니까 괜찮다. 나가사와 선배 가라사대 "자신을 동정하는 건 비열한 인간이나 하는 짓"이니까.

온몸으로 위험한 색기를 풍기는 남자만이 마성이라 생각해도 오산이다. 한 여자에게 마성적인 남자가 다른 여자에겐 전혀 마성적이지 않을 수도 있다. 가령 어떤 여자에겐 자상하게 불확실한 것이 난폭하게 선을 긋는 것보다 더 고통이다. 그녀들에겐 자신과 타인, 모두에게 정직하고 성실하려고 최선을 다하는 남자가, 상대를 구속하지도 않고 구속되지도 않으려는, 그 한 치의 오차도 없는 현실적인 선의가 더 미쳐버릴 것만 같다. 여자는 남자의 마음과 행동을 계측할 수 없기에 '너 마음대로 해'라며 마음이 약해져서 주저앉아 백기를 들어보지만 남자는 여자가 왜 그러는지 알 길이 없다. 그러고는 의미심장한 사슴 눈망울로 '나를 이해해주는 건 어쩌면 당신뿐'이라며 슬그머니 그녀 옆에 털썩, 똑같은 포즈로 주저앉아 어깨를 나란히 한다. 차라리 그럴 때는 내가 어디까지 기어올라야 할지 정확히 한 치 앞서 눌러주는 나가사와 선배가 구원이다. 수평선처럼 아득한 와타나베가 오히려 더 나쁘다고 생각하는 이유다.

•

자상하고 애매하고 소심하고 섬세한 남자는 나의 애정사에서 가장 매력적인 이들이었다. '자상'과 '애매'가, '소심'과 '섬세'가 동전의 양면처럼 오락가락했던 남자들이었다. 감수성이 풍부하고 친절하지만 경계선을 건드리면 신경질적이었고, 지적이지만 완고했고, 유머 감각이 있지만 독을 섞으면 가장 고역스러운 비아냥을 내뿜었다. 내 마음을 나보다도 더 잘 아는 듯했지만 그만큼 역으로 나의 무심함을 비난했다. 단순 무식한 마초 남자들의 센 척이 지겹고 우습게 느껴질 때, 그래도 자신의 취약점에 정직한 이런 남자들이 차라리 더 강하고 매력적으로 느껴졌다. 그래, 둔감한 남자는 싫어. 인간은 본래 복잡한 거잖아. 적어도 '내 여자'에게만은 따뜻하겠지.

한데 상당한 각오가 필요했다. 그들은 자기만의 깊은 내면세계를 가진, 어른이 미처 되지 못한 남자들이었다. 그 예민한 감수성의 언어와 몸짓으로 여자를 아득하게 충족해주었지만, 한번 수틀리면 그 깊은 내면세계인지 시커먼 동굴인지로 들어가 좀처럼 나오질 않았다. 세심하고 예민한 감각과 통찰력 때문에 좋아했지만 그 예민함이 손바닥을 뒤집으면 의심하고 자존심 상해하고 불편한 상태를 못 견뎌하는 극도의 찌질한 모습을 보였다. 이럴 때 보면 딱 응석받이로 자란, 두뇌만은 비상한 소년 같았다. 아무리 달래보아도 좀처럼 나오질 않았다.

그들이 찌질하다 못해 잔인해지는 건 딱 그즈음, 남자의 예민함에 지쳐워져서 잠시 회피하고 싶어하는 나의 아주 사소한 머뭇거림을 촉이 예민한 그가 포착하면서부터다. 그제야 동굴에서 기어 나와 '너만은 나를 이해할 거라 생각했는데'라며 약한 모습 다 드러낸 걸 후회하고 나를 원망했다. 자신에게 상처 준 건 배신행위이니 응징은 당연하다는 듯, 가시 돋은 의식을 하염없이 나와의 관계 속에서 질질 끌고 다녀 사람을 확 질리게 했다. 그럼 우리 문제점을 톡 까놓고 얘기해보자 애원해도 남자는 그것을 얼마 안 남은 자신의 자존심을 완전히 난도질하려고 덤벼드는 도발 행위로 치부했다.

섬세든 뭐든 이쯤 되면 얘도 어쩔 수 없이 남자구나 싶어 눈 딱 감고 항복을 선언하면 이번엔 또 자기를 바보로 아느냐고, 무시하느냐고 뭐라 한다. "그럼 대체 나보고 어쩌라고?" 물어도 대답을 회피한 채 왜 자기를 힘들게 하느냐고 또 뭐라 하고. 관계의 우위에 서고 싶지만 주도는 안 하려는 수동공격적인 그들을 보며 답답해 미칠 것 같아 혼자 참 숨죽여 많이도 울었다. 앞에서 울어봤자 걔들, 의심 많아 여자 눈물 안 믿었다.

어둡고 깊은 우물 속에 혼자 다리를 끌어안고 벌서고 있는 것만 같았다. '대체 내가 뭘 그렇게 잘못했지?' 아무리 그의 결핍을 사랑하고 병적인 면에 끌려도 그 부분이 나를 괴롭히면 감당이 안 되었다. 자기 자신을 가장 사랑하는 사람은 당해낼 재간이 없다.

언제 예측 불가능한 '땡깡'을 부릴지 모르는 아이를 키우다 보면 예전의 그들이 생각난다. 조금은 너그러운 마음도 돼본다. 한창 취약할 때 정곡을 찌를 게 아니라 뭘 해도 그저 품어주고 용서하고 이기적인 욕구에 이런 식으로 응해줬어야 하는구나, 하고. 하지만 다시 하라면 미안. 이기적이라 욕해도 할 수 없다. 나는 지쳤고, 내게도 아무것도 묻지 않은 채 지지하고 끌어안아주는 사람이 필요하다. 하지만 막상 다시 보면 또 예의 그 완전한 사랑을 꿈꾸고 갈망하는 아름다운 눈빛을 저버리긴 너무나, 너무나 힘들겠지.

・

그런 남자들일수록 한참을 아프게 하다가 마지막 순간을 잊지 못하게 장식하고 사라지곤 했다. 나는 그와의 관계에 대해서 이미 모든 것을 체념하고 있었다. 하필 생일 전에 파경이 기정사실화되었다는 현실만이 질 나쁜 농담 같았다.

나는 원래 내 생일을 스스로 챙기는 타입도, 친구들과 왁자지껄 파티를 벌이는 타입도 아니었다. 그러나 실연이 예고된 처지라는 것을 알게 된 친구들이 내가 퇴근길에 자주 드나들던 클럽에 하나둘씩 모여들어 함께 술을 마시고 춤을 추었다. 친구들이 참 고마웠다. 그렇다고 생일의 성가심이나 거추장스러움, 더불어 실연의 비참함과 적적함이 가시는 것은 아니었다. 그것은 오롯이 나 혼자서 짊어져야 할 문제였다. 나는 내가 이 세상에 태어났다는 사실에 그 어떤 자부심도 느낄 수가 없었다.

당시 자취를 하던 동네는 술집으로 출퇴근하는 여자들이 전체 주민의 절반을 넘을 법한 강남 서초동 구석의 한 원룸촌이었다. 내가 밤 8시 정도에 퇴근해서 울퉁불퉁한 자갈길 골목으로 발 아프다 짜증 내며 종종걸음으로 걸어 들어올 때면, 허리를 곧게 세운 그녀들은 또각또각 하이힐을 신고 나와 반대 방향의 큰길을 향해 걸어갔다. 추운 겨울에도 미니원피스에 털코트, 완벽한 세팅 머리로 무장하고 당당하게 걸어가는 모습은 상대를 압도하는 무언가가 있었다. 그 당시 말로만 듣던 '기둥서방'이 실제로 존재한다는 것도 알게 되었다. 물론 그 오빠들은 내게 일말의 관심조차 보이지 않았다. 그리고 열두 시간이 지나 아침 8시로 바뀌면 그녀들과 나는 졸린 눈으로 또 한 번 골목길에서 교차했다. 늘 수고하셔요, 언니들. 정말로.

그 거리가 붐비는 시간이 지나고 아마도 새벽 1시쯤 되었나 보다. 생일 밤의 새벽 골목길은 그래서 덩그러니 내 차지였다. 나는 터벅터벅 하필이면 동네 가장 깊숙이, 그것도 돌계단을 올라가야 하는 언덕배기에 박힌 나의 원룸으로 향하고 있었다. 1월 한겨울이라 바깥으로 나오자마자 찬 공기에 숙취는 얼마간 해소되었다. 하얀 입김을 호호 불어가며 어느덧 집 앞에 다다랐다. 남자친구라고 불러야 할지, 이젠 그렇게 불러서는 안 되는지 잘 모르겠는 그의 길고 비스듬한 그림자가 먼저 보였다. 그리고 깜빡거리는 고장 난 원룸 현관의 어설픈 조명등 너머로 집 앞에서 기다리는 그의 얼굴이 보였다. 대체 얼마나 저기 서 있었을까.

이렇게 춥고 시린 날에 저렇게 명랑한 야구 모자를 쓰고 있는 그의 모습에 피식 웃음이 나왔다. 모자 아래로 삐져나온 그의 빨간 귓불을 만져보니 시간이 한참은 흐른 것 같았다.

"오늘…… 생일이었지? 이미 지났지만, 그래도 생일 축하해."

불과 얼마 전에 나한테 그토록 심한 말을 했던 남자라는 게 조금 신기했지만, 또 어떻게 보면 뭐 그리 놀랍지도 않았다. 무슨 말을 하고는 싶은데 아무 말도 안 나와 멍청이처럼 벌려진 입술 사이로 그저 모락모락 하얀 연기만 고장 난 기관차처럼 뿜어져 나오다 나도 모르게 두 눈에서 왈칵 눈물이 쏟아졌다. 이 동네 언니들이 이 광경을 목격했더라면 아마도 '넌 그렇게 남자를 모르니'라며 나를 비웃었겠지만 나는 그의 손을 잡아 어서 따뜻한 집 안으로 들어가자고 아무 말 없이 끌어당겼다.

그는 아무런 생일 선물도 준비하지 않았지만 원래 그런 남자였기에 애초에 실망할 일은 없었다. 대신 우리는 밤새 서로를 안고 있었다. 솔직히 그동안 그와의 섹스가 좋았던 적은 단 한 번도 없었다. 우리의 몸은 늘 어딘가 조금 겉돌았다. 그 겉돎이 무엇을 의미하는지 그때는, 그 어릴 적에는 알 길이 없었다. 그럼에도 그렇게 좋아하다니, 대체 얼마만큼 그가 좋았으면 그럴 수 있었을까 싶어 지금에 와서는 그저 아찔하기만 하다.

선 긋기

좋아하는 남자가 내게 선을 긋는 걸 지켜보는 것처럼 고통스러운 일은 없다. 차라리 "너의 옷차림이 맘에 안 들어"라든가 "넌 어쩜 그리 제멋대로냐"라고 한다면 개선의 여지라도 있지, '널 그만큼 좋아하는 건 아냐'라는 제스처는 여자를 철저히 무력화시킨다. 친구나 부모님에게 소개하지 않거나 사랑한다고 말하는 것에 인색한 것은 선 긋기의 전형적인 예다. 그 외에도 '좋아하지만 사랑은 아니야' '성적 매력을 느끼지만 사랑은 아니고'라며 굳이 발을 반쯤만 담그며 위로하듯 선을 긋는 남자도 있었고, 결혼 얘기를 먼저 꺼내도 그가 원하는 방식의 결혼 생활을 위해 내가 포기하고 변해줄 것을 요구해서 선의 존재를 느끼게 한 남자도 있었다.

선 긋기가 잔인한 것은 여자를 더없이 헷갈리게 하기 때문이다. 이것은 내가 완곡하게 차이는 상황인 건지, 아니면 앞으로 나 하기 나름이라는 건지 도저히 알 수가 없었다. 문제는 헷갈리든 말든, 어차피 더 좋아하는 사람은 나였기에 완전히 끝낼 수도 없었다. 그리고 더 좋아하는 사람에게 남겨진 것은 '기다림'의 시간들이었다.

가장 알기 쉬운 선은 결혼한 남자가 결혼하지 않은 여자에게 긋는 선이었다. 정황상 난 몸을 사렸지만 그는 나 좋다고 난리난리였다. 구차한 부연인 건 나도 안다. 솔직히 그가 '그럼에도 불구하고' 매력적이라는 것은 나도 부인할 수 없었다. 어쨌든.

어느 날 그를 한 레스토랑에서 우연히 만났다. 집이 바로 근처라 나는 바 카운터에서 혼자 늦은 점심을 먹고 있었고, 그는 저 아래 테이블에서 가족과 함께였다. 처음엔 확 열이 났다. 내가 열을 낼 이유는 없었지만 뭔가 조롱당하는 것만 같았다. 사람 마음 심란하게 만들 때는 언제고 왜 하필 내 동네에서? 대수롭지 않게 지인인 척 다가가 인사하려 했다. 이 정도면 그에게 나는 아직 지인일 뿐이니까. 그런데 그는 내 존재를 눈치채고는 목에 담 결린 사람처럼 꼿꼿이 고개를 저쪽으로 돌린 채 꿈쩍 미동도 안 했다. 나는 졸지에 가까이 다가가려다 보이지 않는 전기 철조망에 움찔해서 왈왈 뒷걸음치는 강아지 신세가 되었다. 그럴 필요까진 없었는데 마치 죄인이라도 된 듯 밥을 절반이나 남기고 도망치듯 나와버렸다.

다음 날 그는 감상에 젖은 미안한 얼굴로 아침 일찍 회사 앞까지 찾아와 해명을 시도했지만 역시 상도덕상 누군가는 선을 확실히 그어야만 했다.

•

사람은 함부로 남 얘길 하지 말아야 한다고 한다. 유부남과 연애하는 여자를 가리키며 흥분하며 욕할 순 있지만, 그런 유혹은 어느 날 불현듯 누구에게나 찾아올 수 있고 우리는 어쩌면 홀리듯이 감히 사랑이라는 단어를 쓰게 될지도 모른다. 감정은 내 마음대로 되는 게 아니다. 정신을 차리고 보면 어느새 상대에게 푹 빠져 있을 수도 있다. 연애 초짜도 아니다. 이토록 잘 맞는 상대를 만난 건 하필 난생처음일 수 있다.

이러한 구슬픈 도시 전설은 도처의 음지에서 고통스럽게 신음하고 있다. 행여 친구들에게 말해봤자 "멀쩡한 네가 왜 하고많은 남자 중에 유부남이냐"라며 뜯어말릴 뿐이고 결혼한 친구들에겐 당연히 말조차 못 꺼낸다. 바보처럼 그런 놈의 어디가 좋으냐고, 그 남자가 너를 갖고 노는 것뿐이라고 곁에서는 애태우지만 정작 가장 답답한 것은 당사자인 그녀들이다.

그녀들은 심정적으로 미혼과 기혼의 중간 어디엔가 있는 듯한 내게 그 사실을 털어놓았고 대개 그런 고백 이후 다시는 나를 찾지 않았다. 이해된다. 결코 세상에 알려지길 바라지 않는 어두운 비밀을 털어놓은 상대이니 밝은 곳으로 다시 나가면 어두운 그곳, 혹은 그와 관련된 곳은 다시는 쳐다보고 싶지 않을 테니까. 내 안에는 그녀들이 놓고 간 이야기들이 화장터의 잿더미처럼 쌓인 채 방치되어 있다.

단 한 번도 그녀들에게 '결혼 안 한 괜찮은 남자도 얼마나 많은데!'라거나 '당신이 지금 하는 사랑은 엄연히 불법이야!'라는 말을 당차게 할 수가 없었다. 마음을 잡으려 결혼 안 한 남자들을 소개받기도 하겠지만 눈에 찰 리가 없으니 괴로워할 테고. 이것이 세간에 허락된 사랑이 아님을 바보가 아닌 이상 다 알고 있다. 마음이 찢어질 것처럼 고통스럽다가도 언제 또 이런 사랑의 감정을 느낄 수 있을까 싶은 황홀함 때문에 기꺼이 몸을 던지는 것이다.

"가족 얘기를 잘 안 하던데…… 아내분과는 좀 안 좋은 느낌이에요. 그래도 아이 생각은 끔찍하더라구요."

그녀들은 이따금 제 엄마를 빼닮은 저 아이를 행여 자신이 데려다 잘 키울 수 있을까 상상했다.

한편 그 남자들은 그녀들의 아름다움을 아낌없이 찬미하고 사랑을 듬뿍 표현해줬다. 해줄 수 있는 게 그것밖엔 없으니까. 그녀들의 묘사에 따르면 이글이글한 남성적 매력과 세속적 권력을 전시하는 남자들도 아니었다. 너무 계산도 안 하고 서툴고 안쓰럽다. 결혼 후 늦은 나이에 처음으로 사랑에 푹 빠진 그가 더 위태로워 보여 도리어 그녀들이 먼저 그를 걱정하며 지켜주고 챙겨주려 했다.
"왜 나 같은 놈 만나서……."
"내가 너를 잡을 권리는 없어."
"시간 낭비 말고 좋은 남자 만나."
이런 말을 주절거리다가 그녀의 젖무덤에 얼굴을 파묻으면서 "너랑 살고 싶다"라며 깊은 한숨을 내쉬기라도 하면 그 남자를 보호해야겠다고 마음먹을 것이다. 부디 욕하지 말아주었으면 한다. 그 누구도 금지된 욕망으로부터 자유로울 순 없다.
사실 그 두 사람에겐 진지한 사랑이었다. 가진 것을 잃을 각오로 시작한 관계였다. 처음에는 이 어찌할 수 없는 상황에, 무언가를 잃을지도 모르는 위험을 안아야 하는 상황에 약 오르고 화나서 그의 멋진 부분만을 이기적으로 똑똑하게 취하겠다고 다짐할 법하다. 아침까지 같이 지내다 중년 남자의 눈곱 낀 얼굴을 마주하는 것은 어차피 '노 땡큐'다. 원룸의 비좁은 부엌에 서서 가정식 백반 같은 것을 차려줄 이유도 없다. 밥은 '내'가 '하는' 것이 아니라 '그'가 '사는' 것이다, 라며 센 척이다. 그런데 그녀들을 둘러싼 상황은 그렇게 어른스럽고 산뜻하게 매듭지어지지가 않았다.
오래 만날수록 저녁에 함께 있다가 꼭 저렇게 황급히 귀가하는 뒷모습을 견뎌내야 한다면 차라리 안 만나는 게 낫다는 생각이 든다. 사람들 많은 거리에서 손잡고 다니고 싶고, 아침에 잠이 덜 깬 얼굴을 마주하고 싶고, 손수 차린 아침밥을 먹이고 싶어진다. 회사에서 아무리 일 잘하고 유능하다는 소리를 들어도 한 끼 가정식 백반을 차릴 줄 아는 여자임을 세상에 그토록 증명해 보이고 싶어 하다니. 그럼에도 그까짓 가정식 백반, 마음먹으면, 아니 마음먹을 필요도 없이 대충 매만지면 차릴 수 있는, 그딴 흔해빠진 가정식 백반을 차리는 것만은 암묵적으로 권리 행사가 금지되어 있다. '열정'의 비일상은 터무니없이 촌스럽게도 때로는 '정情'의 생활을 갈망하게 된다.

"그런데요, 은근히 열 받는 게 뭔지 아세요?"

숨을 잠시 들이쉰 후 그녀는 자신을 가장 부조리하게 괴롭히는 그것에 대해 말하기 시작했다. 그의 아내 몫일 그놈의 '정'이 가장 무서웠던 것은, 아내로서의 확고부동한 지위라기보다는 그 지위가 누리는 가시적인 인프라 시스템의 세부 여건들 때문이었다. 흔히들 고통을 주는 것이 두 사람 사이에 태어난 사랑스러운 아이의 존재인가 싶겠지만, 그보다 더 예리하게 마음을 쿡쿡 찌르는 것은, 아니 쉽게 말해 재수 없는 것은 이런 것들이다. 취향과 수준을 말해주는 가족 동반 여행의 행선지나 새로 시작한 인테리어 공사, 아이가 운 좋게 높은 경쟁률을 뚫고 입학한 사립학교 혹은 집 안에서 키우는 흔하지 않은 품종의 애완견 등, 그들이 하나의 사회경제적

묶음 단위로서 누리는 어떤 계급적 정서나 물리적 구현. 하물며 그들이 부부 단위로 섞이거나 속한 대외적인 모임이 주류 사회나 자선이나 공공이익과 연결될수록, 여자는 그 밝고 선하고 정의롭고 올바른 공기와는 다른 습한 음지에 서식하는, 감정을 박탈당한 식물이 된 것만 같아 못 견디게 비참했다. 그에 비하면 솔직히 '여자'로서의 아내의 존재 자체는 거의 문제조차 되지 않는다. 아니, 오히려 부인에 대한 정이 얼마나 식었는지 볼 때마다 아무리 내 기분을 달래기 위한 연기라 한들, 아 내가 저 자리에 있다고 해도 밖에서는 저렇게 취급받겠지 싶어, 애정과는 별개로 남자라는 종에 대한 총체적인 불신감과 적대감에 사로잡히곤 했다.

애초부터 시작이 대등하지 않은 것도 문제였다. 여자 입장에선 거짓말을 일상적으로 해야 하는 애인을 두고 그의 말이 거짓말인 걸 알면서도 삼켜내야 한다. 마음은 구멍 난 치즈처럼 좀먹힌다. 남자는 이별의 열쇠를 아마도 여자에게 넘길 것이다. 애초에 먼저 끊어낼 만큼 마음이 단단하거나 모진 인물도 못 된다. 그랬다면 이렇게 시작하지도, 오래가지도 않았을 것이다. 상처 주고 싶지 않고 창창한 미래를 방해하고 싶지 않다지만 자기 손 더럽히는 것도 싫다는 거겠지. 남자만 웃긴 게 아니라 여자도 덩달아 자신이 우스워짐을 느낀다. 사랑하는 남자에겐 입 하나 뻥끗 못하고 어느덧 그의 아내에게 여자 대 여자로서 미움과 경멸을 키우고 있다. 어떨 땐 남자와 그 아내가 작당해서 세트로 자신을 괴롭히는 것만 같다.

"마누라면 뭐해. 형식뿐이야. 애정은 없어"라고 남자는 힘겹다는 듯 자신의 배우자를 부정하는 용기를 내보이며 애초에 존재할 수도 없는 신뢰를 회복해보려 하지만, 그것은 여자들이 애정의 깊이나 내용보다 때로는 형식을 더 간절히 원한다는 것을 몰라서 하는 소리다. 그들의 연애가 어떤 형식으로도 정리될 수 없음을 아는 그녀는 볼멘소리로 겨우 한마디 항의할 뿐이다.

"아무리 사랑받고 있다 해도 친구들이나 가족에게 소개도 못하는 여자가 더 비참해."

금지된 사랑이 뇌가 얼어붙을 정도로 황홀하고 행복할 때 그녀들은 내게 오지 않는다. 기껏해야 외부인인 나 같은 사람에게 이런 이야기를 털어놓는 것은, 결코 스릴 넘치게 행복한 일이 아님을 확인하게 될 때, 그럼에도 아직은 그 남자를 마음으로 놓질 못할 때 자신의 폭주를 막기 위한 방편으로써 하는 고백들이었다.

그런 불안과 실망감이 동반하는 사랑을 받아들이면서 그녀들은 그저 자신이 어떻게 상대를 사랑하고, 사랑받았나 하는 사실만을 상기시키며 위태로운 줄다리기를 이어갔다. 이런 게 무서웠으면 처음부터 이런 사랑 따윈 안 했어, 라며 항상 결론은 강한 척이다. 아내와의 통화를 끝내고 계면쩍음을 숨기는 그의 어정쩡한 미소와, 그렇게 집으로 돌아가는 그의 지쳐 보이는 뒷모습을 보며 아이러니하게도 이젠 정말 끝내자는 다짐이 또 한 번 무너진다. 그에게 맞추느라 자신이 휘둘린다 해도 고독과 기다림에 중독되다 보니, 막상 얼굴을 마주할 때의 행복은 그 고통 이상으로 강하다며.

"하지만 그 사람은 분에 넘칠 만큼 저에게 충분히 사랑을 표현해준단 말이에요."

아아, 이 애정결핍들아.

그렇게 표현력 있는 남자들은 늘 사랑에 이겨왔다. 이런 면에서 결혼하지 않은 남자는 결혼해본 남자를 절대 이기지 못한다. 아무렴 당연하다. 다시 말하지만 그 남자가 여자에게 기꺼이 줄 수 있는 것은 오직 하나, 사랑밖엔 없으니까. 그리고 왜 그토록 자기 인생 제대로 통제하고 일 열심히 잘하던 여자들이 휘둘리느냐 하면, 극소수지만 아내를 버리는 남자들이 실제로 존재하기 때문이다. 그러면 믿게 된다.

왜냐, 나의 사랑만은 특별하니까.

이게 말 그대로 사람 환장하게 만든다. 막말로 눈 까뒤집히면 인간, 얼마든지 이혼하고 재혼한다. 그러니 나를 사랑한다는 그 남자가 맘먹으면 할 수 있는데 그걸 안 해주니 납득이 안 되고, 그 희망고문과 총체적 결핍감이 살아 있는 생지옥을 안겨준다. 지금은 사랑이 고통보다 크거나 같아서 유지가 되겠지만 곧 그 저울은 고통에 더 무게가 실릴 것이다.

결단의 순간, 그렇게 찾아올 것이다. 그리고 언젠가는 깨닫겠지. '너 죽고 나 죽자' 따위는 없고, 고통스러운 연애는 오로지 자신과의 고독한 싸움으로 최종 마무리된다는 현실을.

사랑은 얼마나 자의적인가

 사람을 좋아하는 느낌을 한 단어로 표현해보라고 한다면 나의 대답은 이미 준비되어 있다.

 Fuzzy : 애매모호한, 불분명한, 흐릿한

 나에게 연애 감정이란 명료함 속에서 생기지 않고 애매함과 몽롱한 분위기, 즉 짙은 안개와도 같은 공기감 속에서 생겨났다. 전혀 아무렇지도 않게, 당연하게 생각했던 일상의 공기 농도가 짙어지면 아뿔싸 그것이 시작됐음을 알았다.
 사랑에 빠지면 우리가 바라보는 세상은 평소와는 전혀 다르게 '흔들려blur' 보인다. 눈빛은 언제라도 와락 울음을 터트릴 것 같고, 심장은 오랜 시간 달달 끓인 양 부들부들 언제라도 상대의 말 한

마디에 홈이 파일 지경이다. 이렇게 시야가 흔들리고 흐려지는데 감각만이 한층 더 예민해지는 느낌은 오로지 두 경우, 사랑에 빠졌을 때와 임신 사실을 알았을 때뿐이다. 그것은 아마도 행복감이 내가 감당할 수 있는 선을 넘어버릴 정도로 압도적이라 어딘가 호흡이 뭉개지고 흐트러지는 것이리라.

사랑에 빠지면 감정의 결이 보송보송한 털처럼 하나하나 살아나 금방 흥분하고 아리고 울기도 참 잘 운다. 기쁨만큼 슬픔도 자주 찾아와 그 절망적인 공기감은 심장을 돌로 누르는 것만 같다. 평소보다 호흡도 잘 안 되고 소화도 안 된다. 연애의 즐거움은 보이지 않는 상대 마음을 상상하며 느끼는 스릴에 있는데, 상대의 언동 하나하나에 신경이 예민하게 곤두서서 그 사람이 무엇을 말하려는 걸까 말풍선이 생기는 것이나 많은 감정을 담은 침묵 어린 눈동자의 응시도 fuzzy한 감정에 한몫한다.

Fuzzy한 기운이 극대화되면 '재랑은 언젠가 자겠구나……'라는 막연한 직감이 스멀스멀 부끄럽게 올라오기도 했다. 신은 가만히 엿듣고 있다가 절묘한 기회를 만들어주기도 했다. 그러나 이윽고 그 영롱하고 따뜻한 느낌이 가시고 시야가 선명해지기 시작하면 다시 혼자가 되어야 할 때임을 알았다.

사랑이 식은 후 그 사람의 표정이, 몸짓이, 말투가 달라지는 것을 보며 어떻게 이렇게 하루아침에 변할 수 있느냐고 나는 통탄했다. 그러나 사실 그 사람이 변한 게 아니었다. 사람의 정신과 감각을 뒤흔드는 바이러스가 어느 날 저절로 빠져나가 본래의 상태로 돌아온 것뿐이었다. 잠시 우리는 감염되었고 사랑이 그 사람에게 그림자처럼 아우라를 드리웠다. 아름답고 눈부시게 빛나는 사람으로 만들어서 내 앞에 가져다준 것이다. 그러니 사람은 죄가 없고 차라리 사랑에 감사하기로 했다.

가끔 이런 생각을 했다. 사랑은 얼마나 자의적인가. 사실 사랑이라는 것은 혼자서 겪어가는 감정에 불과한 것 아니던가. 우리는 서로를 사랑하는 게 아니라, 각자 나는 그 사람을 사랑하고 그 사람은 나를 사랑하는 것이다. 알고 보면 사랑이란 혼자서 하는 것이다. 그래서 내가 사랑으로 서로를 바꿀 수 있다는 데에 애초에 비관적인 것일까. 그 사람이 그랬던 건 많은 경우 내 탓이 아니었다.

가령, 우리를 가장 괴롭게 하는 온도의 차이, 열정의 차이.

'그래, 난 그 사람만큼 그를 사랑하지 않아서 이렇게 흔들리는 거야.'

'그는 나를 나만큼 좋아하지 않아.'

서로에 대한 감정의 깊이가 다른 경우도 있겠지만 나는 점점 이것은 상대적인 문제가 아닌 절대적인 문제라는 생각이 든다. 그와 나는 열정의 포용 범위가 애초에 다른 것이다. 기질적으로 열정이 없으면 못 살 것 같은 사람이 있고, 머리로는 열정을 원하지만 막상 다가오면 그 소용돌이에 말려드는 것에 겁먹는 사람도 있다. 각자가 가지고 갈 수 있는 감정의 한계점이 있을 뿐이다. 그리고 그것은 직접 겪어보지 않는 이상, 아무도 그 지점을 알려줄 수 없다. 사람들은 종종 '내가 상대를 그만큼 사랑하지 않아서 그래'라며 이게 상대에 따라 달라진다고 생각하고, 그래서 무언가 상황이 바뀌면 또 달라질 수 있다고 생각하지만, 한쪽의 기초체온이 낮은 것을 두고 상대방을 탓할 수는 없다.

   열정적인 연애를 하던 사람은 늘 열정적이었고, 담백한 상대를 골라놓고도 그를 상대로 열정적이었다. 담백한 사람들은 열정적인 상대를 앞에 두고도 늘 담백함 이상의 것을 주지 못했다. 늘 나만, 나 혼자만 그 당연한 사실을 못 보고 있었다.

새로운
개인의 탄생

개인의 탄생

혼자인 게 익숙한 것은, 늘 전학생 신세였기 때문이다. 나는 칠판 앞에 혼자 서서 삼 분 안에 눈앞에 앉아 있는 저 많은 아이들을 향해 날 부디 내치지 말아달라며 소속감을 구할 때 속수무책으로 혼자구나, 싶었다.

담임선생님은 내가 잘 적응할 수 있도록 그 집단의 대장격인 반장 옆자리에 일부러 앉혔던 것 같다. 반장 남자아이의 이름은 물론, 얼굴 생김새까지 아직도 똑똑히 기억한다. 그 시절 남자아이로서는 흔치 않았던 파마머리와 올라간 눈꼬리, 벌어진 앞니에 늘 단정하고 깔끔한 옷차림새였다. 나도, 그 아이도 키가 큰 편이라 맨 뒷자리 중앙에 앉았다.

초등학교 3학년 때 처음 귀국해서는 한글도 몰랐다. 아이들이 쉬는 시간에 하나둘 슬금슬금 내 자리로 와 비행기를 타보니 어땠는지, 일본은 어떤 나라인지 물어보기도 하고 일본말 좀 해보라는 등 말을 걸었다. 당시에는 비행기를 탄다는 것이 보통 아이들한테는 꿈 같은 이야기였다. 한글은 잘 못 써도 한국말은 집에서도 했던지라 편하게 대답해주고 있었는데 반장은 이때 옆자리에서 다 듣고 있으면서도 안 듣는 척했다.

"야, 시끄러우니까 저리 가."

처음엔 그 아이가 한국과 한국 학교에 익숙지 않은 짝을 보호해야 하는 임무를 맡아서 저렇게 벌떼처럼 몰려드는 아이들로부터 나를 보호해주는 것이 아닐까 생각했다. 그것은 나의 착각이었다.

"야, 이 쪽발이야."

반장은 어느 순간 나서서 아이들 앞에서 나를 그렇게 부르기 시작하며 나의 서툰 한국어 실력을 놀렸다. 우리 두 사람은 맨 뒷줄에서 한 책상을 나눠 썼고 선생님과 아이들은 누구도 우리를 보지 못했다. 그는 왼 팔꿈치로 내 오른팔을 세게 짓이겨 누르거나, 분필로 표시해놓은 책상 중앙선을 넘어 내 쪽 공간에 일부러 침범해서는 자기 책을 올려놓고 고무지우개 때를 내 쪽 책상이나 내 무릎 위에 쏟아버렸다. 내 오른발을 밟고, 발을 피하면 또 찾아서 밟았다. 그 와중에도 그의 시선은 줄곧 칠판을 향해 있었다. 아이들의 시선도 다 앞을 향해 있었다. 내 앞으로 즐비하게 앉아 있는 육십여 명의 반 아이들 중 단 한 명도 이 상황을 모른다는 것은 기이한 일이었다. 반대로 아이들의 돌린 등에는 눈이 달려 있어 나와 반장의 모습을 다 지켜보고 있는 것 같은 착각도 들었다.

일본 학교에서도 노골적으로 '조센징' 소리까지는 안 듣던 내가 왜 내 나라에 와서 이런 일을 겪어야 하는지 답답하고 속상했다. 그의 신경을 거슬리게 하는 무엇이 내게 있을까. 내가 먼저 뭔가 그 아이에게 잘못했을까 곰곰이 돌아보기도 했다. 내가 약자고 반장이 강자라고 일방적으로 단정 짓는 건 불공평했기 때문이다. 그 아이에게 상처를 주거나 잘못한 게 있어서 이런 공격을 받는 거라면 어쩔 수 없는 일이라고, 오히려 내가 행동을 고치면 상황은 나아질 거라고, 내성적인 나는 스스로를 먼저 타일렀다. 그러나 아무리 생각해봐도 내가 잘못한 것은 남들과 조금 다르다는 것, 외국에서 왔다는 것 말고는 없었다. 그것은 내가, 내 힘으로는 바꿀 수가 없는 것들이었다.

숨죽이며 울분을 삼키는 수밖에 없었다. 시간이 지나가서 어떻게든 반장의 나에 대한 알 수 없는 노여움이 풀리기를, 태도가 바뀌기를 바라며. 왜 이 남자애는 이토록 나에게 화가 나 있는 것일까? 그에게 정면으로 따져 묻고 싶었지만 내성적인 내가 할 수 있는 거라곤 수업 시간에 고개를 옆으로 돌리지 않으려고 애쓰며 그저 투명인간처럼 지내는 것뿐이었다.

혼자 어떻게든 반장의 화를 받아내려 하다가 역부족이라고 느끼기 시작한 것은 반 아이들이 반장을 따라 점차 적대적으로 변해 가면서였다. 그 싸하게 서늘해지는 느낌, 호기심이 이질감과 적대감으로 바뀌는 분위기를 본능적으로 감지할 수 있었다. 그들이 하나둘 모여 집단을 이루어가는 동안, 나는 여전히 혼자였다. 그리고 점점 내가 어떻게 할 수 없는 것 때문에 주눅 들어야 하는 그 상황이 너무 부조리하다고 느껴졌다. 내가 어떻게 할 수 없는 문제로 일방적으로 낙인이 찍혀 그걸로 나를 배척하려 드는 것처럼 고통을 주는 건 없다.

참다 참다 하루는 수업 중 정해진 괴롭힘의 수순에 따라 반장이 어김없이 옆자리에서 내 손등을 샤프심으로 쿡쿡 찌르자 도저히 견딜 수가 없어, 독해 불가능한 괴성을 지르며 반장과 나, 둘을 하나로 이어주던 육중한 나무책상을 엎어버리고 말았다. 그 이후에 교실 안에서 어떤 일이 벌어졌는지 지금은 솔직히 정확한 기억이 남아 있지 않다. 아홉 살짜리 아이의 배포로는 감당이 안 될 만큼 과흥분 상태였다. 하지만 분명하게 기억하는 건, 그날 이후 바로 짝이 바뀌었고 더 이상 아무도 내게 '쪽발이'라고 부르지 않게 되었다는 사실이다. 반장과 나는 그 이후 서로를 쳐다보지 않았다. 반 아이들도 한동안 나를 쳐다보지 않았다. 반장의 엄마가 학교에 왔다 갔다. 그러나 담임선생님은 우리 엄마는 학교로 부르지 않았다.

•

이듬해 나는 포르투갈에 가서 일 년을 살고, 다시 한국의 초등학교 5학년으로 전학을 오게 되었다. 내심 무척 긴장되고 두려웠다. 그러나 그 걱정은 기우였다. 아이들에게는 다소 생소하지만 그래도 유럽의 한 나라인 포르투갈에서 외국인 학교를 다니며 영어 발음을 굴리게 된 내가 반에서 일약 스타가 된 것이다.

이때 역시 선생님의 불필요한 배려로 또 반장 옆자리에 앉게 되었는데 다행인지 불행인지, 이 반장은 나를 이성으로 좋아했다. 그 남자애는 마치 코즈모폴리탄인 여자친구를 데리고 다니며 으스대는 양, 나를 항상 데리고 다니면서 자랑스러워했다.

"경선이 영어 하는 것 좀 들어봐."

아이들이 구름 떼처럼 몰려들었다.

나도 전학생으로 몇 년 굴러먹은 경력이 생겨 예전보다 조금은 더 뻔뻔해질 수 있었다.

"What's the matter with you, you stupid? You guys are crazy. (너희 대체 왜 그러니, 이 바보들아? 너흰 다 미친 것들이야.)"

연이어 되는대로 욕과 험담을 섞어 긴장감을 감추려고 빠른 속도로 영어를 시부렁댔다. 그럴 때마다 뭣도 모르는 반장 남자아이는 잘난 애인 쳐다보듯 나를 바라보며 흐뭇하게 옆에서 고개를 끄덕여댔다.

　아이들은 모두 다 나와 친하게 지내고 싶어했고 반 아이들의 모든 생일파티에 불려 다니게 되었다. 한 시절의 왕따가 또 다른 시절의 스타가 될 수 있는 현실은 다행스럽기도, 가소롭기도 했다. 그러나 히죽 혼자 숨어서 비웃을 수만은 없었다. 호기심 어린 호감이 이질감이나 배타심으로 바뀌는 것은 내 운의 문제였다. '나'와 '너'가 서로의 고유성과 개별성을, 그냥 내가 나이고 네가 너임을 지켜봐주길 바랐지만, 우리를 둘러싼 여러 가지 정황에 따라 얼마든지 무너지거나 달라질 수 있었다. 하지만 우리가 그렇게 약하지만은 않잖아, 응? 친구들아.

피부색의 차이

"다이애나 공주님과 찰스 왕자님은 결혼해서 그 후로도 영원토록 행복하게 살았습니다."

금발머리와 파란 눈의 소녀들처럼 나도 그것을 굳게 믿었다.

그날은 영국의 찰스 황태자와 다이애나 황태자비의 결혼식이 있던 날이었고, 더불어 포르투갈 리스본에 소재한 영국인학교에 내가 처음 등교하는 날이기도 했다. 강당에 옹기종기 모인 초등학생 중 나는 유일한 동양 아이였다. 머리색과 피부색이 다른 아이들 사이에서 혼자 튀는 건 조금 무서웠지만, 주변의 얼굴에 주근깨가 다닥다닥 난 여자아이들은 모두 두 손으로 턱을 괴고 다이애나 황태자비의 화려한 티아라와 상아색 드레스에 넋이 나가 있었다. 그림책 속의 서양 아이를 난생처음 가까이에서 본 나는 하얀색 피부란 자세히 보면 푸르스름한 빛을 띠고 있구나 하고 생각했다.

강당에 앉아 있을 때는 말없이 앞만 보며 덩달아 황홀해하는 표정만 지으면 되었지만 저 스크린이 걸히면 영어 한마디 못하는 나는 도대체 어떻게 처신해야 할지 아득하기만 했다. 잠시 스치듯 한두 달 다녔던 영국인학교에 대해 기억하는 유일한 장면은 강당에 앉아 있던 그날의 모습이었는데, 그러고 보니 스크린 속의 공주와 왕자는 끝내 소녀들을 실망시키고 말았다.

·

가을이 되자 나는 리스본 주재의 미국인학교로 옮겼다. 영국인학교와 차이가 있다면 미국인학교에는 더 다양한 피부색의 아이들이 있었다는 점이다. 4학년 반 담임선생님은 미국인 총각, 존 선생님이었다. 키가 훤칠하고 금발 곱슬머리였던 그는 늘 헝클어진 머리와 귀 사이에 노란색 볼펜을 끼고 다녔다. 휴식 시간에는 교실 밖으로 나가 교정 화단에 핀, 먹을 수 있는 풀꽃들을 입에 넣고 질겅질겅 썹으며 풀밭에 훌러덩 드러누워 일광욕을 즐기곤 했다. 광고 회사나 방송국에 다닐 법한 날렵하게 잘생긴 도시미남형 외모를 자랑했지만 생긴 것에 비해 하는 짓은 참 소박했.

하기야 젊은 미국 남자가 유럽의 촌구석으로 치부받던 포르투갈에 와서 초등학교 선생님으로 일한다는 것 자체가 착하다는 의미 아닐까. 전 세계의 다양한 문화권에서 온 아이들을 조화롭게 가르치려는 어진 포부가 있어야만 가능한 일이니. 그는 철수가 영희를 흠모하듯 6학년 담임선생님인 미국 출신의 갈색머리 메리 선생님에게 남성미를 과시하려고 코와 턱 밑에 거뭇거뭇 수염을 지저분하게 기르기도 했는데, 그럴수록 그의 순박함만 도드라졌다.

존 선생님은 특히 사회 과목을 열중해서 가르쳤는데 서른 명 남짓 되는 반 아이들을 다섯 그룹 정도로 나눠 가상의 나라를 할당했다. 우리는 자율적으로 나라 이름에서 시작해 정치, 경제, 사회, 환경 등의 조건을 설정하여 국제 정치·경제 시뮬레이션 게임을 진행했다. 자신이 태어난 나라와 정체성을 지우고 우리가 직접 만든 나라의 자랑스러운 시민으로서 법과 외교 정책을 만들고 국기를 디자인하고 주요 도시와 화폐의 이름을 짓고 인기 토산품이나 민족의상을 정하기도 했다. 매일 아침 등교하자마자 십 분간 우리는 그날그날 일어난 국내 뉴스를 발표하며 우리가 만든 나라가 시시각각 어떻게 변하고 다른 이웃 나라들에 어떤 영향을 미치고 있는지 살펴보기도 했다.

내가 속한 팀의 나라 이름은 Kapricka. 나라 모양은 토끼 모양. 이름 짓기와 그림 그리기를 좋아하던 Korea 출신인 나의 소행이었다. 반 친구들과 나는 이 게임을 무척 즐거운 마음으로 일 년간 진행했다. 자유와 평등, 창의성을 실감케 하는 대단한 교육 프로그램이었다. 단, 수업 시간이 그랬다는 것이고 교실 안의 또 다른 현실은 조금 사정이 달랐다.

너그러운 마음으로 다채로운 문화적 배경을 가진 호기심 가득한 아이들과, 포르투갈이라는 유럽 시골에서 흡사 〈사운드 오브 뮤직〉과도 같은 청춘의 한때를 유유자적 보내려 했던 존 선생님. 그에게 유일한 고민거리가 있었다면 나이지리아에서 온 반 친구, 타이워 아데데지Taiwo Adedeji였다.

타이워는 내가 여태 만나본 사람 중 가장 피부가 까만 아이였다. 새 학기 첫날, 돌아가면서 반 친구들과 악수를 나누는데 그 아이의 검은 손등과는 다른 울긋불긋한 핑크색 손바닥을 보고 흠칫 놀라서 손을 뺄 뻔했다. 그는 워낙 피부색이 까매서 눈의 흰자가 유독 눈에 띄었는데, 소풍 가서 단체 사진이라도 찍을 때면 몇몇 백인 아이들은 눈이 빨간 토끼처럼 나오는 반면 타이워의 경우엔 아예 배경 색에 얼굴이 묻혀 억지로 웃은 듯이, 과하게 입을 찢어 벌린 듯이 하얀 치아만 둥둥 두드러져 보였다.

미국, 이탈리아, 터키, 그리스, 일본, 홍콩, 이스라엘, 덴마크, 한국 등 세계 각국의 아이들이 모여 한 반을 이루었지만, 반에서 키가 제일 작고 피부가 까맣고 평균적인 학업 수준을 못 따라가던 그는 반 아이들 중 가장 도드라졌고 자신도 그 사실을 알고 있었다. 열 살이라는 나이는 명백한 차별을 할 만큼 잔인하지는 못했지만 차이에 따른 구분 지음을 엄연히 의식하기 시작할 나이였다. 시무룩해진 그가 통통 두꺼운 입술을 앞으로 삐죽 내미는 모습을 볼 때마다 묘한 죄책감을 느꼈다. 타이워의 서글픔이 적대심으로 바뀌자 아이들은 그를 슬슬 피하기 시작했다.

낭만적이고 사람 좋던 곱슬머리 존 선생님이 타이워의 반항적인 수업 태도에 대해 노골적으로 야단치면 행여 인종차별로 보이지 않을까, 아이들이 분위기에 동조하게 되지 않을까 우려해서 애써 화를 꿀꺽 삼키는 것이 내 눈에도 보였다. 어떤 결정이, 어떤 태도를 취하는 것이 옳은지 자신 안에서 많은 갈등을 일으키는 모양이었다. 타이워는 그렇게 혼란스러워하는 존 선생님의 모습을 목격하면 할수록 일부러 더 고집부리거나 신경 거슬리는 짓을 일삼으며 존재감을 피력했다. 지금 생각해보면 자신을 약자로 치부해서 대놓고 야단쳐주지 않은 것에 어쩌면 더 상처를 받았는지도 모르겠다.

그 와중에 타이워의 정신적 폭주를 막은 것은 반에서 가장 인기가 많았던 천연 금발 미국 여자아이 에이미였다. 다른 유색인종 아이들이 타이워의 신경질적인 행동에 한발 뒤로 물러서 있을 때 에이미만은 마치 '뭐가 문제야?'라는 듯 타이워를 스스럼없이 평소처럼 대했다. 원체 성격이 밝고 낙천적이기도 했지만 인종차별의 위험성을 애초에 감지할 일이 없으니 그녀의 '깨인' 부모님은 주변에 유색인종 친구들이 있으면 더 잘해주라고 했을지도 모르겠다. 타이워는 어느덧 고마움과 안도감을 넘어 에이미를 여자로 좋아하게 되었다.

그러던 어느 날, 에이미가 내 손을 붙잡고 복도의 1인용 화장실 안으로 들어가 문을 잠갔다. 그러고는 바지를 내리고 변기에 걸터앉아 소변을 보면서, 나를 올려다보며 진지하게 물었다.

"경, 타이워 말이야, 네가 보기에도 나를 좀 좋아하는 거 같지 않니?"

소변이 졸졸 흐르는 소리가 묻힐 정도로 그녀는 깊은 한숨을 내쉬었다. 자랑삼아 떠벌리는 게 아니라 진심으로 좀 걱정되고 '경, 너에게라면 이런 얘기를 솔직하게 할 수 있을 것 같아서, 넌 다른 애들보다 입도 무겁고 똑똑하고 어른스럽잖아'라는 듯. 정작 나는 반에서 가장 인기 있는 순도 백 퍼센트의 백인 금발 여자아이가 가장 은밀한 장소로 나를 끌고 들어가 그녀의 속내와 속살을 보여준 것에 혼자 내심 흥분했던, 전혀 어른스럽지 않은 아이였다.

"됐어. 네가 싫으면 그냥 싫다고 말해야지 뭐."

그 비좁은 화장실 안에서 나는 그녀 앞에 팔짱 끼고 서서 쿨한 태도로 그녀에게 조언했고, 다행히도 머리가 썩 좋지는 않았던 그녀는 고개를 끄덕였다.

금발머리에 파란 눈으로 태어난 게 네 탓은 아니지만, 그래도 마음을 줄 수 없는 남자애한테 그냥 싫다고 말하는 것이 단지 싫다는 것만을 의미하지는 않는다는 혐의까지 넌 짊어져야겠지. 열 살이라는 나이는 의도치 않게 상대에게 상처를 줌으로써 자신도 상처 받을 수 있음을 어렴풋이 알아가는 나이이기도 했다.

개인성의 예의

생애의 절반가량, 나는 주로 '어디 어디서 온 아이'라고 불렸다.

살아본 이 세상의 나라들이 하나둘 차곡차곡 쌓이면서 초면에 "어느 나라에서 살아봤어?" "어느 나라가 제일 좋았어?" 같은 질문도 자주 받았다. 앵무새처럼 나라 이름을 나열하며 반복하고, 살았던 나라 중 아무 나라나 그때 기분에 따라 찍어 "그 나라가 최고였어"라고 대답하면서 질문을 하는 사람들이 실은 내 대답에 아무런 관심이 없음을 알 수 있었다.

나라 이름만 매번 달라질 뿐, 대개는 아웃사이더였다. 바깥에 자리한 자는 많은 것들이 시선 안으로 들어온다. 안에 있는 사람은 시선을 돌려 바깥까지 살피려면 애써야 하지만 바깥에 있는 사람은 싫어도 중심과 주변이 한눈에 들어온다. 어떤 무리에 섞이면 나는 심리적으로 늘 경계선 밖에 혼자 나가 있는 상태라, 원의 중심을 차지하거나 유지하려고 안간힘을 쓰는 사람들, 원의 주변에서 겉돌거나 저항하거나 타협하면서 중심에 접근하려는 사람들의 역학 관계에 민감해졌다.

나는 어느 편도 아니었다. 나의 예민함은 그 모든 사람들에겐 어김없이 '주변부적인' 무엇이 있음을 감지하는 예민함에 더 가까웠다. 세상을 흑백과 선악으로 나눠서 바라보고 싶지 않았다. 더 깊이 자세하게, 안으로 들어가면 들어갈수록 거기서 드러나는 회색 부분이 현실을 더 잘 말해준다고 생각했다. 세상의 많은 문제들은 양의적이고, 결론은 간단히 나오지 않았다.

가치 판단에 있어 그 안에 존재하는 모호함을 있는 그대로 인정할 수 있는 것이 좋았고, 이것이 나에게는 자연스럽다고 생각했다. 하지만 머뭇거리는 태도는 뭐가 옳고 그른지 명확하게 결단 내리는 것을 주저한다고 간주되어 기회주의적으로 보이기 쉬웠다.

"네가 그렇게 애매한 태도를 취하는 건 강자 편을 들겠다는 뜻이야."

첨예한 사안은 늘 양극으로 나뉘어 네 편 아니면 내 편이었고, 폐쇄성과 획일성은 매도와 비난을 낳았다. 이것도 저것도 아닌 나는 내가 이해받지 못할 거라는 두려움이 맴도는 집단이나 사회가 싫었다. 보통 집단과 집단으로 맞서게 되면 하나로 집결되는 의견 대 의견으로 나타나는데, 그러면 숨어 있는 맥락들이 표출되지 않고 단순화되기 마련이었다. 그때 빠뜨리게 되는, 혹은 이해받지 못하고 넘어가는 소중한 가치들, 그런 것에 나는 속상해했다. 하지만 사람들은 애매하고 불확실한 것을 견디지 못하고, 사안의 복합성을 이해하고 인내하는 것에 인색하며, 빨리 결론을 내리며 자신의 소속을 결정하려고 했다. 더불어 그들이 쳐다보는 내가 불안해 보인다는 이유로 나 역시도 어느 편에 정착하기를 바랐다. 그러나 적어도 내가 바라본 세상은 단 한 번도 단순한 적이 없었다. 차라리 답이 없는 장소에 끊임없이 나 자신을 가져다놓는 것이 더 정직할 수 있겠다는 생각이 들었다.

외국 물 많이 먹고 자란 나는 이 말도 참 많이 들었다.

"너는 한국 사람이거든?"

내가 모른다고 생각했던 나의 정체성을 확인시켜주려 하던 사람들이 기억난다. 어차피 한국인인데 굳이 티 내며 증명해 보이라는 말이 당시엔 이해가 안 됐지만 전형적인 한국인답지 않은 나의 일련의 행동과 사고방식들이 그들을 불편하게, 또 불안하게 했던 것 같다.

대체 나의 어떤 부분이 그토록 한국 사람답지 않다는 것인지 도무지 알 수가 없었다. "뭐가 이상한데?"라고 되물으면 "넌 그냥 달라"라고 말하며 그 이상은 말을 아꼈다. 온전한 한국 사람이 되는 일은 꽤 어렵고 복잡해 보였다. 마치 내가 원래 여자인데도 "넌 여자거든?"이라며 설득하는 것과도 같은데, 원래 그런 것을 굳이 그런 거라고 누차 강조하는 데에는 다분히 어떤 의도가 깔려 있었다. 그래서, 나는 여자니까, 나는 한국인이니까, 대체 '너를 위해서' 어째야 하는데?

한국인인 것보다, 여자인 것보다 더 중요한 건 나는 남과 다를 수밖에 없고 다를 수 있음을 인정하는 것이었다. 우리는 개별적인 인격체를 가진 개인으로 태어났다. 그런 우리가 서로와 다른 생각을 할 수 있다는 것은 너무나 자연스러운 일이다. 그것을 공히 받아들여야 우리가 다름에도 함께할 수 있는 사람들이 될 수 있다. 동시에 나의 조금은 쓸쓸한 개인적인 특수성이라고 생각했던 점이 많은 사람들이 공유하는 보편적인 것일 수 있음을 확인하는 것도 마음 따뜻해지는 일이었다.

가치관의 다양성이나 다채로움을 인정하는 것은 나에게 있어서 '자유'였다. 내게는 여전히 정의나 성장, 조화나 평화보다도 '자유'라는 가치가 가장 소중하다. 내 생각을 자유롭게 표현하고 타인의 잣대에서 벗어나 내가 살고 싶은 대로 살 권리가 있고, 더불어 삶의 대안들이 사회적으로 마련되어 있는 유연한 사회와 환경은, 일상을 살아가는 내가 '자유로울 수 있는 장소'를 보다 많이 확보할 수 있다는 것을 의미했다.

우리가 자립한 개인이라면, 어느 강력한 집단의 주류적 생각에 함께 묻어가면 적당히 편하게 갈 수 있긴 하지만 그럴 필요가 없다는 것을 인지할 수 있을 테고, 나와 다른 생각을 가진 타인들에게도 너그러울 수 있을 테고, 이질감 속에서도 편안함을 느낄 수 있을 것이다. 그리고 나는 별로 기분이 안 좋거나 우울할 때 저 멀리의 다른 사람들이 같은 순간에 신나하거나 화내거나 즐거워하거나 나와는 다른 기분을 느끼는 것을 보면 화가 나는 게 아니라 참 다행이라는 생각이 든다. 사람들이 나와 다를 수 있다는 것에 안도하는 것, 그것이 개인성의 예의다.

아웃사이더라면 본능적으로 어떻게든 거기서 벗어나 인사이더가 되려고, 소속감을 느끼려고 할 터인데 어찌 된 일인지 어른이 되어서도 나는 여전히 아웃사이더로 남는 것에 불편함을 못 느낀다. 어디에도 속하지 않고 개인으로 살아가는, 그런 삶의 방식이 나에게 이미 스며들어버렸다. 보통은 결핍이 있으면 어른이 되어서 애써 그 부분을 채우거나 보상받으려 하는데, 다행히 어른이 되자 홀로 선다는 것은 자유로워진다는 의미임을 알 만큼 단단해진 부분이 내 안에 생겼다.

모든 사람들이 나를 좋아할 수도, 내가 모든 사람을 기쁘게 할 수도 없었다. 제일 억울한 건, 하필 내가 별로 좋아하지도 않는 사람들한테 무리했던 것. 내가 좋아하지도 않는 사람으로부터 사랑받고 싶은 이상한 심리라니, 생각해보면 얼마나 바보 같은 짓인가.

그것이 바보짓임을 아는 걸 보니 이젠 마음속으로 안심할 수 있는 장소를 운 좋게 찾았는지도 모르겠다. '어디 어디서 온 아이'는 외롭고 독립적인 인간으로 크는 데에 확실히 성공한 것 같다.

서가에서 우린 만났지

문득 깊은 잠에서 깨어나면 내가 지금 어른이라서 참 다행이라는 생각이 든다. 더 이상 시험을 보거나, 점심 같이 먹을 친구를 찾거나, 체육 시간에 짝짓기를 안 해도 된다는 점에서. 홀로 남게 되어 체육 선생님과 짝을 이뤄 아이들 앞에서 시범을 보일 때면 그냥 그대로 딱 죽고 싶은 심정이었다.

학교를 다니다 보면 짝짓기는 은근히 많은 곳에서 필요했다. 버스에 두 사람이 나란히 타야 할 경우, 과학 시간에 실험을 할 경우, 포크댄스를 배울 경우, 체육 시간에 짝 맞춰 운동을 해야 할 경우. 어떨 때는 '너 나랑 같이 짝하자'라고 사전에 이심전심으로 예약을 해야 안심이 되었다. 우왕좌왕 누구도 나에게 먼저 냉큼 다가오지 않는데 어느새 다들 둘씩 꼭 붙어서 짝을 이루는 것을 보면 정신이 혼미해졌다. 혼자 남게 된 나를 불쌍하게 보는 것도 고역이었지만 짝수로 남을 경우 겉도는 아이들끼리 하는 수 없이 짝을 맞춰야 하는 절망감도 그에 못지않았다.

학교에서 주로 도망 다닌 곳은 도서관이었다. 책은 지식을 넓히고 생각주머니를 키우거나 즐거움을 주기 위해서만 존재하는 것이 아니었다. 나에게 책은 외로움을 달래고 현실의 고통을 삭히거나 잠시나마 잊게 하는 친구 역할을 해주었다.

서가의 비좁은 책장 사이에 몸을 깊숙이 숨길 때 마음이 가장 편안했다. 미국 종이책 특유의 오래된 나무 냄새가 배어나왔다. 알파벳 순서로 정리된 작가들의 이름을 하나하나 머릿속에 집어넣어가며 인사를 나눴다. 영어를 썩 잘하진 못했지만, 표지 그림이나 제목이 마음에 드는 것부터 차근차근 조심스럽게 책장을 열었다. 그렇게 한 친구 한 친구 도서관에서 빌려 가 자기 전까지 침대에 누워 교제를 시작했다. 그것은 다음 날 학교에 가야 하는 고역감에서 조금이나마 벗어나게 해주었다. 때로는 딱 한 권만 꽂혀 있는 작가의 책이 어쩐지 더 친근감이 들어서 집에 품고 오기도 했다.

나는 나에게 맞는 친구를 사귀는 것보다 나에게 맞는 책을 찾는 데 더 재능이 있다고 생각했다. 남들의 추천보다는 나에게 와닿는, 나에게 진정한 즐거움을 주는 책들을 어느덧 첫 느낌만으로 잘 찾아내게 되었다. 읽다가 재미없다 싶으면 가차 없이 새 책을 집어들어도 되었다. 의리니 뭐니 불평하는 일이 없으니 사람보다 얼마나 공정하고 정직한가. 완독을 해야 인내심 있는 인간이 되는 양, 억지로 쓴 약 먹듯 읽을 필요가 없었다. 책은 내게 무리하도록 요구하질 않았다.

어른이 되어서도 책을 좋아하는 사람들에게 깊은 유대감을 느꼈다. 애초에 그들이 책을 사랑하게 된 계기는 짧든 길든 심리적으로 외톨이였던 시절이 있어서일 거라고 생각했다. 또한 외롭지 않을 수 있도록 책의 힘을 빌릴 수 있을 만큼 강한 사람이었을 것이다. 월급날이 되면 그간 사려고 별렀던 책들을 장바구니에 한가득 담아가는 사람들이 참 사랑스럽다.

내가 지금 책과 관련된 일을 하는 것은 어렸을 때 책이 나에게 베풀어준 관대함에 내가 할 수 있는 미미한 보답에 다름 아니다. 글을 쓰다 보면 불현듯 내가 쓴 책들이 서가에서 서성이는 외톨이들에게 좋은 친구가 되어줄 모습이 떠올라 조금 더 힘을 내게 된다.

교복 입은 여고생들

 아빠와 료칸에 묵는 것은 처음이었다. 상파울루를 떠나 오사카에 먼저 도착한 아빠와 내가 짐을 푼 곳은 도심 난바 지역에 위치한 한국총영사관 부근의 허름한 여관이었다. 가죽만 남기고 바짝 마른, 앙칼진 표정의 여관 주인 노파가 나와 내 옆의 남자를 번갈아가며 흘겨보았다. 펑크족처럼 삐쭉삐쭉한 고슴도치 쇼트커트, 맨발에 힐, 단추를 세 개 푼 구깃구깃한 셔츠, 그리고 삐져나온 아이라인. 아빠가 "이 아이는 내 딸입니다"라고 떠듬떠듬 설명하자 노파는 그제야 팔을 휘젓더니 2층 다다미방으로 안내했다. 아빠는 어땠는지 모르지만, 나는 그렇게 다 커서 아빠와 나란히 이불 깔고 잘 수 있다는 것이 좋았다. 여관 주인이 유카타 사이즈 맞느냐며 잠잘 무렵 다시 방 안을 기웃거리며 우리의 동태를 살폈다.
 다음 날은 오사카 한인학교의 입학식이었다. 그곳은 주로 재일교포들이 다니는, 일본어로 가르치는 학교였고 남한과 연결되어 있는 민단 계열뿐 아니라 북한과 연결되어 있는 조총련 계열 아이들도 더러 함께 다니는 곳이었다. 전날 전임 영사네 집에서 얻어 입은 둥근 칼라의 남색 쓰리피스 교복이 어색했다.

"아빠, 이거 나한테 좀 크지 않아? 어깨가 잘 안 맞는 것 같은데……."

비좁은 료칸의 다다미방에서 이불을 한쪽으로 치우고, 양복 입은 아빠와 반상 앞에 마주앉은 나는 아침상으로 받은 흰쌀밥에 오이절임을 얹어 먹으며 물었다.

"뭐 괜찮은데?"

미소장국을 후루루 들이켜며 아빠가 대수롭지 않다는 듯 대꾸했다. 남자 어른한테 묻는 내가 바보였다. 그때 난 양말도 신지 않고 맨다리 맨발에 교복을 입고 있었다.

브라질에선 사시사철 양말이라는 것을 신는 일이 없기에 맨발로 갔더니, 식겁한 교무실 주임 선생님이 캐비닛을 뒤져 남자용 흰 양말을 건네주며 교장 선생님 오시기 전에 빨리 화장실 가서 신고 오라고 호통을 쳤다. 강당에서 찍은 당시의 고등학교 입학 사진을 보면 긴 생머리에 리본을 매고 온순한 미소를 짓고 있는 여학생들 가운데, 어안이 벙벙 얼어붙은 표정의 여장남자처럼 생긴 한 아이가 있다.

•

　고등학교의 한 학년은 A, B, D반으로 나뉘어 있었다. 공부 잘하는 순으로 하면 D, A, B였다. B반은 취업반이었고 대체로 장사를 하는 가업을 잇거나 여자애들은 일찍 결혼해서 아내와 엄마가 되는 것이 당연시되는 분위기였다. A반은 취업과 진학 예정자가 반반씩 섞여 있었다. D반은 백 퍼센트 진학반이었는데 그곳을 채운 과반수의 아이들은 한국으로 돌아가서 대학에 갈 예정인 주재원의 자녀들이었다. C반 없이 바로 D반이 있는 이유를 아직도 알 수는 없지만 딱 그만큼의 눈에 보이지 않는 벽이 있었음은 분명하다.
　D반에서는 누구도 교복 치마를 짧게 줄여 입거나 머리를 염색하지 않았고 들고 다니는 가방은 늘 무거워 보였다. D반은 구십 분 수업이었고 A, B반 아이들은 육십 분 수업이었던 터라 우리는 그 아이들과 마주칠 일이 별로 없었다. 알파벳을 건너뛴 만큼 이것은 선생님들의 배려 혹은 차별이었을까. 하교도 우리가 훨씬 늦게 했다. D반은 복도 구석에 있었는데 오다가다 A반이나 B반 아이들을 마주칠 때면 일진이 모범생을 바라보는 듯한 묘한 시선을 느꼈다.
　A, B, D로 나뉘었던 우리가 정면으로 서로를 마주할 수 있었던 유일한 시공간은 바로 체육 시간이었다. 나는 체육을 못하는 편이 아니었지만 체육 시간이라는 존재 자체를 썩 달가워하지 않았

는데, 그 이유는 고등학생에게 있어서 체육 시간은 꽤 날것의 시간이기 때문이다. 후천적 노력으로는 감당이 안 되는 선천적 재능과 매력의 시험대가 되는 시간, 신이 빚어낸 수작과 실패작을 여실히, 가감 없이 보게 되는 시간이다.

짜리몽땅해서 달리기를 못하는 아이, 키가 멀대처럼 크지만 운동신경은 없어서 헛다리 짚는 꼴이 우스꽝스러운 아이, 몸이 유연하지 못해 순발력 있게 공을 막지 못하는 아이. 공부를 잘한다고 인기가 있거나 멋져지는 건 아니지만, 운동을 잘하면 최소한 그 시간만큼은 멋지고 빛나는 아이가 되었다. 마치 아름답게 태어난 여자아이가 아무도 항의하지 못할, 타고난 힘을 지니게 되는 것처럼. 한데 세상은 웬일로 공평해서 공부 잘하는 D반 아이들은 정말 내가 봐도 한심할 정도로 체육을 못했다.

우리는 주로 배구나 농구 등의 구기 종목을 많이 했다. 재일교포 2세인 남자 체육 선생님은 팀을 아무 고민도 없이 각 반대로, A반 대 B반, A반 대 D반 식으로 나누곤 했다.

"야, 기무치(김치) 팀! 모여!"

평소에 D반의 존재 자체를 못마땅해하던 그가 우리 반을 '기무치' 팀이라고 야유하듯 부르면 껌을 찍찍 씹으면서 퍼질러 있던 A, B반의 여자아이들은 배를 잡고 깔깔대며 웃었다. 너희는 어차피 여기 잠시 다니고, 이용하고, 한국으로 돌아갈 주재원 자식들이잖아, 라며 선생님의 멋적게 피하는 시선은 말하는 듯했다.

덩치가 가장 크고 힘이 좋았던 B반 여자아이들이 스파이크를 내리쳐서 D반 여자아이들이 민망하게 엉덩방아를 찧으며 공을 놓칠 때마다 체육 선생님과 A, B반 여자아이들의 자지러지는 웃음소리는 더 크게 실내운동장을 울렸다. 종목이 피구일 땐 상황은 더 심각했다. 운동신경이 여과 없이 드러나는 그 게임 속에서 구십 분 수업을 무겁게 버티는 데에만 익숙했던 엉덩이들은 순발력 있게 공을 피할 도리가 없었다. D반 여자아이들은 가장 둔탁하고 비겁한 포즈로 장렬히 피구 공 세례를 받았다. 희한하게도 그런 집단 굴욕에 D반 여자아이들은 누구 하나 정면으로 대응하지 않았다.

오사카 한인학교라는 특성상 학생들은 재일교포 2세, 재일교포 3세, 한국에서 학교 다니다가 교포가 된 아이들, 한국 주재원의 아이들, 조총련계 아이들 등으로 다양했는데 선생님들의 배경과 성장 환경 역시 다양했다. 한국에서 온 아이들을 싫어하는 재일교포 2세 선생, 한국인보다 더 한국을 좋아하는 일본인 선생, 한국에서 파견 나온 선생 등. 그러나 사회 과목을 담당하던 남자 선생님은 그 어디에도 속하지 않았다.

사회 선생님은 어린 시절부터 오사카에서 자랐는데 한국어를 한국에서 온 선생 이상으로 잘했고 가무잡잡한 피부에 풍채가 큰 만큼 목소리도 컸다. 세계사, 특히 그중에서도 동아시아 역사 과목을 가르치다가 그는 곧잘 삼천포로 빠져 혼자 흥분해서는 얼굴이 빨개지곤 했다. 문제는 그가 삼천포로 빠져서 하는 이야기들을 나를 포함해 반 아이들 대부분이 이해하지 못했다는 것인데, 그 답답한 사실이 그의 표정을 더욱 울그락불그락하게 만들었다. 열정이 넘치도록 아이들에게 알려주고 싶어했던 그것의 정체는 나중에 대학에 들어와서야 알 수 있었다. 선생님은 이상주의적, 낭만적 사회주의자였던 것이다. 다시 그 시절로 돌아가 선생님이 해주신 그 난해한 이념 이야기를 찬찬히 들어보고 싶다는 생각이 들지만 내 느낌에 그는 그 학교에 오래 있지 못했을 것 같다.

남한과 북한의 파랑과 빨강은 오사카의 일상 속에서 얼마든지 혼재했다. 내게 우리나라는 항상 '대한민국'보다 '남한South Korea'의 이미지로 존재했다. 학교에서도 조총련 계열의 학생들과 함께 공부했지만, 아침과 오후의 자전거 통학길에 조총련학교를 다니는 또래 여학생들과 자주 스쳐 지나가곤 했다. 세일러복 스타일의 엇비슷한 여고생 교복이 여러 갈래에서 만나고 지나치는 가운데 검정 치마와 하얀색 상의의 치마저고리 교복 차림의 여학생들은 확연히 눈에 띄었다. 처음엔 말로만 듣던 치마저고리의 '북한' 아이들이라 흠칫 소스라치게 놀라 자전거 페달을 헛밟곤 해서 정면으로 부딪칠 뻔한 적도 있지만 어느덧 그녀들을 유별나게 생각하는 것, 아니 무서워하는 것이 얼마나 촌스러운 일인지를 알게 되었다.

그 아이들도 민단 계열 한인학교의 우리 교복을 모를 리가 없었다. 가끔 정말 자전거로 부딪혀서 뭔가 말을 섞고 싶다는 생각이 들기도 했지만 그러기엔 난 너무 옹졸했다. 그랬다 한들 그녀들은 대수롭지 않게 북한말로 할 말만 딱 한 후 다시 가던 길을 유유히 갔을 것이다. 아, 정말 그 소녀들은 퍼진 검정 치마 사이로 페달질을 어찌나 힘차고 경쾌하게 하던지!

우리가 그렇게 서로를 의식하든 말든, 일본 여고생들의 정통 세일러 교복 풍경 속에서 어차피 '이단'으로 튀는 건 치마저고리의 그녀들이나 쓰리피스 교복의 우리나 마찬가지였다. 그런 의미에서 그녀들과 우리는 묵묵하게 한편이었다.

•

졸업 십삼 년 만에 모교에 들렀다. 초·중·고등학교가 ㄷ자 모양으로 마주한 작은 학교. 고교생 때와 키는 달라진 게 없는데 학교가 참 작아 보였다. 마침 초등학교 가을운동회 날이었다. 운동장 가운데에는 만국기가 교차되어 달려 있었고 백팀과 홍팀으로 나뉘어 고래고래 응원하는 가족들의 함성이 들렸다.

가장자리에 서서 운동회의 즐거운 소란을 지켜보다가 가족석에서 익숙한 여자아이 얼굴이 보였다. 머리를 노랗게 물들여 세우고 다니던, 그 누구보다도 '기무치' 팀을 조롱했던 B반의 통통한 아이. 검정 머리의 그녀는 이제 통통한 엄마가 되어 자신의 아이가 2인3각으로 뛰는 모습을 볼살이 터지도록 함박웃음 지으며 지켜보고 있었다. 자기도, 자기 아이도 다닌 것처럼, 아마 자기 손자도 훗날 이 학교를 당연하다는 듯이 다닐 것이다. 이 학교는 누가 뭐래도 사실 그 아이들의 학교였다는 생각이 든다. 그럼에도, 비록 잠시 스쳐가는 아웃사이더였다 할지라도 나는 그 학교가 뭐랄까, 참 좋았다.

JR전철을 타고 숙소로 돌아오는 길, 건너편 자리에 이십여 년 전 내가 입었던 쓰리피스 교복을 입은 여학생이, 내가 좋아한 남자아이가 입었던 교복을 입은 남학생과 나란히 앉아 있었다. 그들은 분명, 막 사귀기 시작한 연인 사이인 것 같았다. 후배들의 모습이 너무 눈부시고 예뻐서 눈시울이 절로 뜨거워졌지만, 다행히 등 뒤로 해 질 녘 역광이 쏟아져 내 얼굴은 그늘에 가려지고 노을빛은 오로지 그 아이들을 환하게 비출 뿐이었다.

유태인 동네의 동양인 아가씨

 부유하고 교육열 높은 유태인 가족들이 넓은 정원이 딸린 저택을 짓고 모여 사는 뉴욕 롱아일랜드 그레이트 넥Great Neck, 그곳에서 오빠와 나는 벌판에 덩그러니 세워진 2층짜리 상가 건물 위층에 세를 얻어 살았다. 그 동네는 악바리처럼 일해서 후천적 부자가 된 유태인 1세대가 어떻게든 자식들을 미국의 주류 사회로 보내려는 열망과 노력이 합쳐져 모종의 과잉된 분위기를 자아내는 곳이었다. 바로 옆 동네 리틀 넥Little Neck의 소박함과는 사뭇 다른 '그레이트'함. 그 분위기에 나의 자의식도 도드라졌다.
 1층엔 델리숍과 문필구나 카드, 기타 잡동사니를 파는 선물가게가 있었는데, 나는 '주상복합'의 이점을 하나도 활용하지 못했다. 1층 이웃사촌들의 가게를 거의 이용하지 않았던 건 내가 위층의 그 동양인 아가씨라는 것을 들키고 싶지 않아서였다.

방 두 개짜리의 좁은 아파트로 올라가려면 델리숍과 선물 가게 중간에 숨은 그림 찾기처럼 존재감이 없는 흑갈색의 평범한 나무 문을 열쇠로 열어야 했는데, 열쇠를 집어넣을 때마다 혹시나 같은 학교 아이들이 우연히 차창 너머로 나를 보지 않을까, 행여나 담배 피우러 밖에 나온 1층 가게 주인들이 내가 여기 사는 것을 알게 되지 않을까 늘 노심초사 조마조마했다. 그 앞을 지나가는 척하다가 슬그머니, 하지만 최대한 신속하게 열쇠로 문을 열고 앞으로 밀어, 숨을 잠시 참고 몸을 쑥 밀어 넣고는 소리 없이 다시 문을 잠그고 나서야 비로소 가슴을 쓸어내렸다.

    그럼에도 그 짧은 시간의 긴장감을 해소할 기쁨이 기다리고 있을 때가 많았다. 그것은 문에 달린 틈새 우편함으로 배달되던 일본 오사카로부터 날아온 편지들이었다. 내 인생에 그때만큼 많은 편지를 써본 적은 없을 것이다. 누군가에게 편지를 쓰는 것은 멋진 일이었다. 정말 하고 싶은 이야기의 일부밖에 표현 못하더라도 상관없었다. 누군가에게 뭐라고 쓰고 싶다는 마음이 드는 것만으로도 행복했다. 한 단어 한 단어 고르면서 상대로부터 오해받지 않을까 일절 두려워하지 않고 그저 마음을 전하고자 하면 쓰는 사람도, 받는 사람도 구원받을 수 있었다.

    침대 위에서 받은 편지들을 너덜너덜해지도록 읽고 또 읽었다. 때로는 침대 시트를 적시며 잠들었다. 눈을 뜨면 나는 어느덧 새로운 낯선 세계의 일부가 되어 있었다. 굳이 정들었던 일본 오사카 한인학교의 친구들을 떠나올 이유가 없었고 얼마든지 선택의 여지가 있었는데, 왜 나는 항상 익숙한 곳을 떠나 낯선 곳에 스스로를 가져다놓으려고 하는 건지 정말 이해할 수가 없었다.

내가 그 집에 사는 것을 아는 사람은 고등학교 학생과의 구인게시판을 통해 알게 된, 유태인 남자아이 브랜든과 그의 엄마 웬디뿐이었다. 그녀의 남편은 재규어 사의 중역이었는데 고급스러운 코발트블루 재규어 승용차는 정확히 일주일에 두 번, 오후 4시면 나를 데리러 허름한 상가 앞에 멈춰 섰다. 나는 그 집에 가서 초등학교 5학년생인 브랜든에게 미술과 수학을 가르쳤다. 오사카 집에서 보내오는 생활비는 늘 터무니없이 부족했고 내가 직접 만져볼 기회도 없어 몰래 가정교사 아르바이트를 할 수밖에 없었다.

웬디 아주머니는 늘 타지에 나와 사는 내가 정말 기특하다며 귀갓길에 구깃구깃한 15달러와 더불어 머핀이나 쿠키 같은 주전부리를 싸주곤 했는데, 그럴 때마다 수업 중에 배에서 꼬르륵 소리가 나는 사태만은 피해야겠다고 생각했다. 한국이나 일본에서 보면 나는 뉴욕으로 조기유학을 온 입장이었는데 막상 여기에선 고학생 소녀가장 대우를 받았다. 가난이 상대적인 거라면 뉴욕에서 자취 생활을 할 때만큼 가난을 실감했던 적은 없는 것 같다. 그러나 역시 불평할 수는 없다.

주말 오후가 되면 배낭을 메고 혼자 집을 나서 인기척 하나 없는 구불구불한 숲 속의 대로를 걸어서 그레이트 넥 공립도서관으로 향했다. 뉴욕의 가을 숲처럼 이 세상에 근사한 풍경은 없다. 숲 속 오솔길은 울긋불긋 빨갛고 노랗고 갈색으로 물든 나뭇잎들로 넘쳐났다. 새와 다람쥐가 분주히 소리 내며 몸을 움직였다. 간밤에 내린 가을비 덕분인지 여러 가지 자연의 비밀을 숨겨놓은 듯한 짙은 풀 내음이 났다. 발걸음을 옮길 때마다 물기에 젖은 나뭇잎들이 바스락거리며 신발 바닥에 들러붙고, 미끄러워 넘어지기도 했다.

아까는 비가 그친 줄 알고 우산을 안 갖고 나왔는데 어느덧 가는 비가 다시 내리기 시작했다. 나는 이곳이 아닌 다른 나라의 다른 장소에 내리는 비를 상상하며 걸음을 재촉했다. 이따금 지나치는 고급 세단들이 빵빵 클랙슨을 울리며 서행했다. 친절해 보이는 백인 가족들이 나를 걱정스러운 눈초리로 쳐다보면서 말을 걸었다.

"얘야, 도서관 가는 길이니? 태워다 줄까?"

"전 괜찮아요, 아주머니. 제가 알아서 갈 수 있어요."

모범적인 동양 학생 특유의 미소를 지으며 또박또박 대답했다. 정말 괜찮았다. 나는 아무렇지 않은데 사람들이 나를 안 괜찮다고 생각하는 것이 너무 이상해서 입가에 웃음이 새어나왔다.

혼자 실실 웃으니까 괜히 몸에 힘이 빠지고 긴장했던 다리의 근육이 이완되었다. 낙엽이 바스락거리는 소리가 더 크게 들렸다. 잠시 멈춰 서서 배낭에서 워크맨을 꺼내 귀에 꽂고 볼륨을 높였다. 이 깊어 보이는 숲길도 결국 한때의 통과점에 지나지 않을 것이다. 조금 더 속도를 높이고 힘차게 잰걸음으로 도서관으로 향하면 되었다. 그리고 어두워지기 전에만 다시 이 길로 돌아오면 되었다. 그러니까 조금 더 내 발로 걸어가기로 했다.

나를 표현해도 되는 기쁨

그저 내 생각을 담담하게 이야기할 뿐인데도 솔직하고 거침없고 당차다는 얘기를 많이 들으며 컸다. 거침없고 당찬지는 모르겠고 차라리 내성적이고 수줍음이 많은 성격이 내 본질에는 더 가깝지만 그럼에도 마음 가는 대로, 아니 내 마음을 보다 정확한 언어로 표현하는 습성을 가지게 된 데에는 두 여자 선생님의 영향이 컸다. 그들은 내게 마음껏 쓰고 말하고, 원하는 만큼 더 나은 사람이 되는 것에 욕심을 내도 된다고 했다.

"이 노트에는 일본어로 자신의 생각을 써 내려가기로 해요. 일기 같은 형식도 괜찮고."

야마자키 선생님은 브라질에서 오사카로 갓 전학 온 내게 빈 노트를 한 권 건넸다. 매일매일 아무거나 내키는 대로 내 감정을, 내 생각을 적으라는 것이었다.

새로운 나라로 삼 년에 한 번씩 옮겨 다닐 때마다 낯선 언어를 배우면서 정규 공부를 해야만 했던 나는 처음엔 숙제가 하나 더 생긴 것에 고역감을 느꼈고, 이 공부도 저 공부도 힘들고 하기 싫다는 구시렁대는 말로만 노트를 가득 채웠다. 혹은 짧게 한 문단으로 최소한의 일과만 기록처럼 나열했다. 한 문단만 적어서 제출해도 선생님이 노트를 돌려줄 때면 빨간 글자투성이라 보기 싫었다.

하루는 어설픈 반항기에 방과 후 도서관에서 공부가 너무 하기 싫어 노트에 이렇게 적었다.

오늘은 학교 도서관에서 만화만 봤다.(비밀)

그러자 야마자키 선생님이 빨간 펜으로 이렇게 코멘트를 달아주었다.

어떤 만화인데요? 실은 나도 만화를 정말 좋아한답니다.

그녀의 대답에 마음이 따뜻해져서 그 빨간 문장을 몇 번이고 손으로 만져보았다.

이 노트를 더 소중히 하고 싶다는 생각이 들었어요.

그 다음 날 일기에 이렇게 적고는 그 뒤로 꼼꼼히 그날그날 느꼈던 가장 솔직한 마음을 담기 시작했다. 왜 나는 늘 새 언어를 배워서 공부해야 하는 이중의 고통을 겪어야 하는지 그 고역감부터 하소연했다. 그러자 선생님이 이렇게 썼다.

당신처럼 지금부터 일본어를 배우려면 훨씬 더 힘들겠지요. 하지만 당신이 노력하는 모습에 옆에 있는 사람도 점점 더 힘내야겠다고 생각할 거예요. 어떤 나라의 말이라도 같겠지만 옳은 방식으로 말하고 쓰다 보면 즐거워집니다. 힘들더라도 하나하나 새로운 것을 배워가는 기쁨은 상상 이상으로 크답니다.

어차피 이 상황을 벗어날 수 없다면 내가 할 수 있는 한에서 최선을 다할 수밖에 없었다. 그 감각은 내가 싫어도 이미 내 몸이 깨우치고 있지 않았던가. 점점 더 나라는 사람에 대해서 이야기하고 싶었다.

저는 다섯 살 때부터 이 나라 저 나라를 돌아다녀서 버겁기도 했지만 그것을 저의 힘으로 바꿔왔습니다. 저의 장점은 세계 어느 나라, 어느 장소에서도 자신만만하게 행동할 수 있다는 것입니다. 늘 신인, 전학 온 아이였기 때문이죠. 그래서 사람들과 대화도 쉽게 나눕니다. 하지만 한국인이니까 한국인처럼 살아야 한다고는 생각하지 않습니다. 한국인 친구들이 그냥 착하게만 행동하지 말고 자신의 의견을 고집스럽고 확실하게 표현해줬으면 좋겠습니다. 자신이 느낀 것을 실례라고 해서 숨기는 짓 따위는 안 했으면 좋겠습니다.

하지만 이렇게 써놓고선 정작 '한국 아이'처럼 마음을 숨긴 것은 나였다. 그 다음 주, 나는 전혀 다른 성격의 여자아이, 더 본래 모습의 내가 되어 있었다.

선생님, 말수가 없는 사람에 대해서 어떻게 생각하세요? 전 예전에 사실은 무척 말수가 없는 조용한 아이였습니다. 아마도 영어를 잘 구사하지 못해서 그랬던 것 같지만요. 말수가 없다는 것은 알고 보면 무척 괴로운 일입니다. 정말 무슨 말을 해야 할지 몰라 속으로 끙끙 고민을 합니다. 말이 없는 사람은 재미없다거나 어른스럽다고 보기 쉽지만 저는 수다스럽기만 한 사람보다는 낫다고 생각합니다. 말이 많다고 해서 그 사람이 밝은 건 아니니까요. 그건 또 다른 거잖아요.

마치 남 얘기 하듯.

사람의 언어라는 것은 대단하다고 생각합니다. 타인을 격려하거나 용기를 주고 반대로 상처 입히기도 하니 말입니다. 말수가 없는 사람이 말하는 언어에는 무게감이 있다는 생각이 듭니다. 평소 수다스럽게 말하기보다 침묵을 지키고 있다가 중요한 때 제대로 자신의 의견을 말할 수 있는 것이 대단하다고 생각해요.

나는 손가락을 가만히 입술 위에 올려놓았다.

•

터프한 여자아이가 돼야겠다고 생각한 것은 그레이트 넥 고등학교에서 미국 역사를 가르치던 영Young 선생님 덕분이었다. 흑발에 파란 눈, 얼굴에 주근깨가 가득했던 그녀는 카랑카랑한 목소리와 힘찬 손동작으로 수업을 진행하는 중년의 유태계 여성이었다. 수업은 주로 한 주제를 칠판에 써놓고 그에 대해 자유 토론을 하는 식이었는데 나는 이런 수업을 처음 경험했다.

그녀는 오로지 학생들이 자유롭게 자신의 생각과 의견을 피력할 수 있도록 도와주는 견인차 역할만 했다. 스무 명 남짓의 학생들은 백인, 유태인, 히스패닉, 흑인, 동양인 등의 다양한 인종과 배경, 그리고 미식 축구선수와 치어리더, 너드nerd와 모범생, 시끄러운 아이와 조용한 아이, 존재감이 넘치는 아이와 희미한 아이 등

제멋대로 섞여 있었다. 그 통제 안 되는 다채로움을 그녀는 있는 그대로 수용했다.

학생들은 종종 엉뚱하고 앞뒤가 안 맞는 논리를 설파했지만 그녀는 그 어떤 의견에도 핀잔을 주거나 순위를 매기지 않고 각자의 자리에서 생각을 조금 더 깊게, 앞으로, 열린 마음으로 할 수 있게 도왔다. 핀잔이라면 불성실하게 토론에 임하는 '태도'만 지적했지 '내용'은 손대지 않은 것이다. 수업이 끝날 무렵 우리의 엉성한 생각들은 서로 부딪치면서 다듬어져 나름의 결론과 추가로 생각할 거리의 여운을 남겼다. 그것은 여태 겪어본 그 어떤 배움의 경험보다 짜릿했다.

나는 그녀로부터 자발성의 소중함을 배웠다. 카리스마 넘치는 선생으로서 그녀는 원한다면 충분히 선을 넘어 학생들을 휘두를 수 있었지만, 늘 적정선에서 멈추고 학생들이 먼저 생각을 일으키기를 바랐다. 혼자 힘으로 끌어올린 관심과 흥분이었기에 수업 후 학생들에겐 늘 충만감 뒤의 잔열이 남았다. 미국이라는 나라에 대해 호감을 갖게 된 것은 오로지 뉴욕 외곽의 작은 교실 안에서 내가 생각하는 것을 자유롭게 표현할 수 있었던 그 경험 때문이었다.

학기 말 논문의 자유 주제로 한국전쟁에 대해 써보면 어떻겠느냐고 제안했던 것도 영 선생님이었다. 그녀는 내가 한국인임에도 한국전쟁의 진짜 배경에 대해 모르고 있다는 것을 직감적으로 알

왔던 것 같다. 한국전쟁이라고 하면 그저 늑대의 탈을 쓴 북한 괴뢰군이 남침을 했다는 스토리로만 막연히 알고 있는 나는, 도서관에서 1950~1960년대에 쓰인 한국전쟁에 대한 책들을 차례차례 읽어가며 미국과 소련의 개입 등 내가 몰랐던 사실에 충격을 느끼고 그 감정에 대해 있는 그대로 글로 쏟아냈다.

당시 논문을 "(주변 국가들의) 개입은 도와주는 것으로만 해석돼서는 안 된다. 아무런 권리도 없이 방해하고 통제하려는 의도일 수도 있다"라는 말로 마무리했는데, 그 구절이 영 선생님의 수업 진행 태도였다는 것과 훗날 내가 살아가는 데 굳게 지키려고 하는 태도로 자리 잡은 것은 그저 우연이었을까.

엑스맨 기숙사

지금은 흔적조차 안 남아 있지만 십여 년 전만 해도 강남구 역삼동 아파트촌 한가운데에는 낮은 소나무숲에 둘러싸인 ㄷ자 모양의 3층짜리 건물이 하나 있었다. '한국외교협회 기숙사'라는 조금 튀는 제목의 그 기숙사에서 대학 시절 삼 년을 살았다.

이 기숙사는 외부세계에 그리 잘 알려지지 않은 곳이었다. 무엇보다 거기 사는 아이들이 겉으로 드러내놓고 얘길 안 하고 다녔기 때문이다. 우리는 이미 살면서 가만히 있어도 튀는 것에 신물이 난 아이들이었다. 이름이 주는 이미지와는 달리 기숙사 시설은 부실하기 짝이 없었다. 4평 남짓한 공간에 2인1실. 화장실은 공용, 방 안에 작은 세면대가 있었고 바닥은 시멘트라 겨울엔 춥고 여름엔 더운 데다 창밖 주변 나무들로 인해 모기가 들끓었다. 겨울엔 세면대 옆에 붙어 있는 작은 보일러 하나에 몸을 녹였는데 석유 냄새만 지독하고 별로 따뜻하진 않았다. 좌우로 책상, 침대, 옷장을 하나씩 놓고 나면 중간에 겨우 작은 통로 공간만 남았다.

외교관 자녀라는 특수 집단을 수용하는 것 외에 또 하나의 특징은 남녀 공용 기숙사, 그것도 남녀가 한 건물을 같이 쓴다는 점이었다. ㄷ자의 꺾인 부분 중간에 육중한 철문이 설치되어 있었는데 밤 10시면 사감 선생이 경상도 사투리로 혼잣말로 투덜투덜대며 자물쇠를 채우러 왔다. 사실인지는 확인할 수 없지만 전직 외교관 부인으로 알려진 백발의 육십 대 사감 선생에게는 외국 물 먹은 한창 나이의 피 끓는 여학생과 남학생을 한 공간에서 관리하는 것이 가장 큰 골칫거리였는데, 아무리 밤 10시에 38선을 쳐놓는다 해도 마음만 먹으면 언제든 사고를 칠 수 있었기 때문이다.

'두꺼비 아저씨'라 불리던 덩치 큰 관리인이 두 눈 부릅뜨고 지키고는 있었지만 1층 로비를 경유해서 얼마든지 이성의 숙소로 잠입할 수 있었고, 원한다면 밤늦게까지 열려 있는 3층 공용 독서실에서 만날 수도 있었고, 여차하면 낮에 문이 열려 있을 때 서로의 방으로 건너갈 수도 있었다. 또 아무리 2인1실이라고 해도 룸메이트가 외박을 나갔을 때, 여름방학에 룸메이트가 부모님이 계신 외국에 갔을 때, 룸메이트가 기숙사에서 이사 나가서 일시적으로 혼자 방을 쓸 때 등 마음만 먹으면 얼마든지 '연애'를 할 수가 있었다. 하루는 사감 선생이 여느 때처럼 기숙사 순찰을 돌다가 어떤 여학생 방에서 고통스럽게 신음하는 소리가 나서 문을 따고 열었는데 강아지 포즈로 사랑을 나누던 남학생, 여학생과 정면으로 눈이 마주쳐 그 자리에서 바로 졸도했다는 기숙사 전설도 있었다.

기숙사생들은 이 사회의 소수자라는 공통분모가 있음에도, 보통의 기숙사생들이 가지기 쉬운 밀착감이나 결속감은 별로 없었다. 과거 성장한 문화권이 같다면 그 언어와 풍습을 즐겁게 공유할 수도 있었겠지만, 그래도 대개는 몰려다니지 않았다. 의외로 소수자는 소수자들끼리 다니지 않았다. 다들 어딘가 모르게 조금씩 자의식 과잉이어서 그랬을 수도 있겠다.

그런 우리를 묶어준 유일한 공통분모는 예의 관리인 '두꺼비 아저씨'였다. 이것도 사실 파악이 안 되지만 왕년에 해병대였다는 그는 말투도 거칠고 외모도 영락없이 소도둑 그 자체였다. 그러나 '곱게 자란' 우리와는 다르다는 점에서 모두가 그를 신뢰하고 의지했다. 그는 아침에는 학생들을 전용 미니버스에 태워 학교로 데려다주고 낮엔 정원을 관리하거나 사감을 도와 잡무를 보았다. 그리고 아이들이 귀가할 무렵인 오후 늦은 시간부터 기숙사 대문이 닫히는 밤 10시까지 깡패 조직의 두목처럼 현관 의자에 앉아 귀가하는 학생들의 인사를 거만하게 일일이 받았다.

영어 단어 하나 모르고 학교도 잘 안 다녔을 그가 기숙사 로비 중앙에 떡하니 버티고 앉아, 옆 소파에서 뒹굴며 영어로 시부렁대는 기숙사생들의 투정을 욕쟁이 할머니처럼 받아주는 것을 멀리서 지켜보노라면 무언가 안심되는 것이 있었다. 그는 그 아이들이 일견 부족할 게 없어 보이지만 정서적 결핍이 있는 아이들이라는 것을 그 누구보다도 꿰뚫어 보고 있었다.

그런 두꺼비 아저씨가 가장 경직된 표정을 보여주는 것은 매일 이른 아침에 학생들을 각 대학 캠퍼스로 실어 나를 때였다. 기숙사 안에선 스스럼없이 삼촌처럼 학생들과 어울려 지냈는데 이상하게 버스 안에서는 과하게 공적으로 무뚝뚝하게 굴었다. 마치 보이지 않는 경계선이 그 사이에 존재한다는 듯이, 어차피 우리의 인생은 다르고 시간이 흐르면 너는 네 갈 길 가야 한다는 듯이.

그의 진심 어린, 집사 같은 마음씨와는 별개로 우리는 버스가 대학 캠퍼스 정문에 설 때마다 '한국외교협회'라는 한자가 새겨진 버스에서 내려야 하는 것이 못내 부끄러웠다. 그것은 외국에서 공부하고 왔다는 이유만으로 학력고사를 안 보고 정원 외로 입학이 허가된 학생들만이 공통으로 느낄 수 있는 묘한 자격지심과 미안함, 그리고 자신의 객관적인 학력을 입증할 수 없는 억울함으로 점철된 민망함이었다. 하지만 버스에서 내린 순간, 우리 뮤턴트들은 자신의 이질성을 숨기고 내가 소수자가 아닐 그곳, 일반 학생들 무리에 아무렇지도 않게 스르륵 섞여 들어갔다.

누군가의 인생을 상담한다는 것

예기치 못한 내 인생의 플랜 B라는 것이 있다면 그것은 내가 '상담하는 여자'가 되었다는 현실이다. 그도 그런 것이 나는 남의 이야기에는 전혀 관심이 없는, 나밖에 관심 없는 지극히 이기적인 인간이기 때문이다.

구 년 전, 한 신문에서 고정 연재 칼럼을 하나 맡으라는 제안을 받았는데, 오래오래 쓰고 싶어 소재가 쉽게 고갈되지 않을 '인생 상담'이라는 주제를 택했다. 상대에게 조언을 해준다는 빌미로 내가 평소에 생각하는 방향성이나 가치관을 속 시원히 털어놓을 수 있는 절호의 기회였다. 게다가 상담 칼럼이라는 콘셉트에는 개인적으로 좋아하는 삶의 정수들이 많이 들어가 있었다. 할 말만 논리정연하게 하는 깔끔함, 가벼움과 무거움의 공존, 일대일로 공정한 자세를 가지고 서로에게 집중하는 소통.

상담 글을 쓰면서 이상적인 낙관론으로 위로하는 것만은 피했고 냉정할 정도로 혹독하게 현실을 직시하는 것부터 제시했다. 현실은 불공평하고 모순으로 가득 차 있고 그 가운데 한없이 초라한 자신의 모습을 지켜봐야 하겠지만 그래도 일단 할 수 있는 만큼은 노력하고 버텨보자고 말했다. 내가 생각하는 최악의 상담 멘트는 "다 잘될 거야"였는데, 그것은 잘되고자 노력하는 사람만이 '어쩌면' 잘되기 때문이다. 또한 내 이야기를 일방적으로 주워 담기보다 독자들이 '아, 너는 이 사안에 대해 그렇게 생각하는구나, 그렇게 생각해볼 수도 있는 거구나' 정도로 참고하면서 자신의 기존 생각을 한 번 더 돌아볼 계기가 되었으면 했다.

소소한 재미와 과외 수입용으로 차선처럼 시작한 상담일은 어느덧 활자 매체에서 방송 매체로 옮겨갔고 나는 원치 않았던 '상담자'나 '카운슬러'라는 타이틀로 소개되기에 이르렀다. 게다가 상담 칼럼을 쓰면서 '캣우먼'이라는 별칭도 재미 삼아 쓰기 시작했는데, 설마 상담 칼럼 외의 장소에서도 그 이름으로 그렇게 자연스럽게 불리리라고는 상상도 못했다. 80년대 학번 중에서 그런 낯 뜨거운 별칭으로 공개적으로 불리는 사람은 아마도 한국에서 나 하나일 것이다.

언제부턴가 상담 콤플렉스라는 것도 생겼다. '카운슬러'나 '상담자'라는 타이틀이 너무 끔찍했고 전문가인 양, 멘토인 양 타인의 인생에 끼어들어 조언을 하거나 위로를 하는 것이 싫었다. 심리학 전공자나 정신과의사도 아닌데 오로지 개인의 경험이나 직관으로 말을 너무 거침없이 해버리는 스스로에 대한 반성과 어색함이 있었다. 까닥 잘못하면 꼰대나 아줌마가 될 수도 있었고 아무런 관련 자격증도 없는 나는 딱 욕먹기 좋은 입장이라고 생각했다.

한때는 대부분 상담과 관련된 일만 들어오자 노이로제가 생겨 내가 누군가에게 상담을 받고 싶을 지경이었다. 상담과 관련된 모든 일을 그만둘까도 생각해봤지만 금전적인 부분 때문에 또 쉽게 그러지 못했고, 그런 내가 더 싫어졌다. 그 와중에도 이 세상의 모든 고민을 담은 상담 메일들이 이메일함과 라디오 프로그램 게시판에 차곡차곡 쌓여갔다.

한데, 오랜 시간에 걸쳐 생각해보니 상담이 문제가 아니라, 모든 것은 내가 그것을 어떻게 접하고 대하느냐에 달려 있었다. '무엇'의 문제가 아닌 '어떻게'의 문제였는데 나는 상담이 가볍게 혹은 가소롭게 느껴지는 것을 남 탓으로 돌리고 있었다. 정말로 상담이 근본적으로 우습고 무의미하다면, 그 고정관념을 내가 바꿔볼 수도 있었다. 내가 막 쓰거나 말하면 그것을 받아들이는 사람 역시 막 받아들일 것이고, 내가 신중함과 위트를 담으면 그것은 의미 있으면서도 즐거움까지 줄 수 있었다. 요리를 하는 것은 더도 덜도 말고 나라는 사람. 난 이것을 가볍게 보면 안 되겠구나. 남들이 나를 가볍게 볼까 걱정하면서 실은 내가 나 자신을 보고 있었던 것이다.

어떤 일이든 음과 양의 부분이 있었다. 소진되고 허무한 느낌도 있었지만 기쁘고 뭉클한 시간들도 존재했다. 상담을 하면서 상대에게 봉사하듯, 혹은 상대를 약체로 보고 위에서 내려다보듯 하면 곤란했다. 나는 현실적인 태도를 견지하면서도 자기 힘으로 어떻게든 그 고민을 짊어지거나 떨쳐내려는 사람들에게 마음 깊이 끌렸고 그런 그들을 접하는 느낌이 좋았다. 힘겨운 짐을 짊어지고 있지만 역으로 그것을 에너지로 만들어가려는 사람들을 보면 가슴이 짠해졌다.

자기 문제를 정확하게 인식하거나 직시하고, 어떻게든 해결하거나 내려놓거나 체념하는 등 상황을 스스로 움직이려고 하는 것. 그런데 사람은 완벽할 순 없으니까 '지금 내가 이러고 있는 게 맞나, 나는 이렇게 생각하는데 너는 어떻게 생각하니'라며 수줍게 다가오는 그들에게 동질의식을 느꼈다. 아무리 힘든 일이 닥쳐도 이 악물고 앞을 향해서 한 걸음 두 걸음 묵묵히 걸어 나가는, 그런 소년 소녀의 마음과 태도가 좋았다.

나에게 가장 기쁜 일은 다른 사람의 마음을 움직이는 일이지만 그들이 나의 말을 전적으로 의존하지 않는 것이 좋았다. '당신의 한마디로 내 인생이 변했어요!' 이런 거 말고 '아, 저 사람의 이야기는 이렇구나'라며 스스로 의심도 해보고 걸러내면서, '그런 관점으로 바라볼 수도 있겠구나' 정도의 살짝 지나가는 '수긍'으로 받아들여 내 글이 그들의 생활에 찰기와 윤기가 되어주는 것이 좋았다. 자발적인 실천을 도와주는 자극이나 실마리로 받아들여준다면 영광일 것이다. 그들이 자신들에게 의미 있는 성취를 해내는 것을 보면 주변 사람들의 역할은 아주 작은 콩알 같은 자극일 뿐, 그것은 그들 자신의 영광이니까.

  사람들이 감정적으로 힘든 와중에도 자신의 모습과 문제를 객관화하려고 노력하고 사연을 정리해서 올리면서 또 한 번 생각을 정리하는 것이 글을 통해서도 느껴질 때 나는 감동했고, 그것은 더 성실하게 답글을 쓸 수 있도록 나 역시도 변화하게 했다. 뿐만 아니라 상담 글을 쓰면서 누구에게 뭐라고 하기에 앞서 늘 나 자신부터가 '좋은' 마음 상태를 유지하려고 애쓸 필요가 있다는 것을 알았다. 그것은 서로에게 썩 괜찮은, 관대한 관계였다.

나는 정말
행복해지고 싶을까

전학생 정서

사람의 심리를 어떻게 그렇게 잘 파악하느냐는 소리를 듣는데, 나는 그 이유가 내가 너무 사람들의 눈치를 보면서 컸기 때문이라고 생각한다.

새 학교에서의 첫날, 칠판 앞에 혼자 서서 나 자신을 거듭 소개하는 일은 긴장과 두려움의 연속이었다. 어떻게든 내 눈앞에 보이는 저 아이들 중, 마음에 썩 들진 않더라도 어떤 한 그룹에는 비집고 들어가서 적응을 해야 했다. 소속되거나 거부당하는 것 말고는 방법이 없었다. 뭐든지 되풀이하다 보면 재주가 생기기도 하는데, 내 경우엔 어디에 갖다놔도 쉽게 빨리 적응하는 척할 수 있는 능력이 생겼다.

희미하게나마 희망이라는 것이 있었다면, 최소 삼 년에 한 번은 모든 걸 엎고 새로운 '나'로 다시 태어날 수 있는 가능성이 주어졌다. 나에 대해 아무것도 모르는 아이들 앞에서 그간의 초라한 모습은 지워버리고 전혀 다른 페르소나를 가지고 살 수 있는 기회였다. 내가 불리고 싶은 이름과 별칭, 진심으로 원한다면 성격을 새로 설정할 수도 있다고 생각했다.

이런 시도들의 일부는 성공하고 일부는 실패했다. 처음에는 성공하고 있다고 생각했지만 시간이 흘러감에 따라 가면은 여지없이 벗겨지고 말았다. 마음속 깊은 곳에서 내가 진정으로 변할 일은 결코 없을 거라고 체념했다. 새로운 환경과 사람들에 쉽게 적응하고 받아들일 수 있다는 것은 반대로 말하면 또 그만큼 그것들을 뒤도 돌아보지 않고 버릴 수 있음을 의미했다.

정해진 시간은 어김없이 흘러 다른 나라, 다른 학교로 전학을 가게 되었을 때 당시 어울려 다니던 절친한 친구들과 뜨거운 포옹을 나눴다.

"보고 싶을 거야. 널 절대 영원히 잊지 않을 거야."

그러나 뭉클함은 그때뿐이었다. 그렇게 열한 번, 학교와 친구들을 옮겨 다녔다.

나는 나처럼 전학을 많이 다닌 아이들을 직감적으로 알아볼 수 있다. 한 시절, 전학을 많이 다녔던 아이들에게선 특유의 정서가 느껴진다. 어디에서건 어떤 '그룹'에 대해 진정한 소속감을 느끼지 못하는 기분. 소속감을 느끼게 되어도 그 편안함과 아늑함이 어느덧 불편해져서 자꾸 스스로를 아웃사이더로 내모는 모습. 다른 사람들이 뜨거워지는 모습을 차갑게 관조하면서도 그들을 내심 부러워하는 모순된 감정. 지나치게 가까운 거리감의 숨 막힘. 이 모든 것이 다 아무 소용없고 궁극에는 우리 모두 서로에게 이별을 고하고 말 거라는 개인주의적인 체념. 그러면서도 끊임없이 정착할 장소와 사람을 찾아 방황을 거듭하는 삶.

사람들과 안전한 거리를 두는 것도 어쩌면 오랜 전학생 신세에서 터득한 습성일지도 모르겠다. 남에게 민폐 끼치는 것을 꺼려하고 어느 정도 타인과의 거리를 필요로 했다. 혼자서 밥 먹는 것쯤 아무렇지도 않았다. 혼자 잘 지낼 수 있는 독립적인 성향과 사실은 깊이 상처 받고 싶지 않은 두려움이 공존했다.

전학생 정서를 가진 사람을 만나 연애를 하기도 했다. 그리고 십중팔구는 반드시 헤어졌다.

"응, 너를 이해할 수 있을 것 같아."

두 사람은 대체로 말수가 적어도 함께 있을 때 편안함을 느꼈다. 그 두 사람이 서로에게 "알 것 같다"라고 하는 것은 연인으로서 이해하는 척하는 게 아니라 정말로 너의 존재에 동의하고 공감한다는 선언이었다. 사실 그렇게 말로 표현할 필요도 없이 그저 보기만 해도 서로의 깊은 상처나 아픔을 헤아릴 수 있었다. 아웃사이더로서의 과거 외에 세간에서 요구되는 궁합의 다른 조건들은 그 무엇도 두 사람에겐 필요하지 않았다.

 전학생 정서를 가진 연인들이 십중팔구 헤어지게 되었던 것은 마찬가지로 말이 없어도 서로의 상처나 아픔을 알기 때문이었다. 비단 전학생 과거가 아니라 해도, 사람들은 자신과 같은 상처를 가진 타인을 때로는 보고 싶어하지 않는다. 나의 상처를 이해하는 게 아니라 아예 상처 자체가 존재한다는 것을 모르는, 나와는 전혀 다른 해맑고 경쾌하고 산뜻한 존재가 한층 더 위안이 될 때가 많았다. 때로는 모르는 편이 도움이 될 수 있었다. 상대의 상처를 알고 이해한다고 해도 사실상 도와줄 수 있는 부분도 별로 없었고 오히려 그것을 빌미로 자신의 불행을 전시하며 이용했다. 자기만의 어둡고 깊은 세계 혹은 동굴에 들어앉으면 그것에 대해선 어떻게 할 수 없다는 것을 알기에 속수무책으로 가장 먼저 무기력하게 나가떨어져야 했다.

 때로는 두 사람 모두 너무 후천적으로 눈치가 빠르다 보니 어쩌면 상처 받기 싫다는 방어적인 마음이 불필요하게 조기 작동해서 서둘러 어떤 조치를 취하는, 즉 마음의 문을 닫아버리는 것에 익숙해졌는지도 모르겠다. 어차피 어둠과 어둠이 만난다 해도 진정으로 구제해주지도 못하고, 각자 등을 돌리고 한때는 그들이 경멸해 마지 않던 환하고 밝고 단순한 햇빛이 있는 곳으로 걸어가기 마련이었다. 상대의 취약한 점을 보고 있자니 자신 역시도 지리멸렬하게 무너져 내리는 것 같아서 더 이상 보기가 싫어진 것이다.

그러나 그들의 관계가 여타의 연애 관계와 다를 수 있었던 것은 어느 날 한쪽이 갑자기 맥락 없이 차였다고 해도 희한하게 서로에게만큼은 상처 받지 않고 이해심이 발휘되었기 때문이다. 끝날지 말지 애매한 갈등을 버티는 일에 둘 다 너무나 서툴고 극악스럽게 서로의 감정을 할퀴면서도, 막상 끝났다는 것이 확고해지면 두 사람은 본연의 너그럽고 따뜻하고 예의 바른 상태로 돌아갔다. 다른 연애가 끝났을 때 곧잘 느끼는 '대체 나는 저 사람의 무엇을 알고 있는 것일까, 저 사람한테서 무엇을 봤던 것일까' 하고 허무함을 느끼는 대신 '어쩔 수 없잖아'라고 자연스럽게 납득하게 되었다. 오히려 헤어지고 나서 그 사람에게 더 마음으로 잘해줄 수 있을 것만 같은 느낌이 들었다.

어쩌면 서로에게 역시 안전한 거리를 확보하며 그를, 그녀를 소울메이트 혹은 정신적 쌍생아라고 각자의 마음속으로 품는 것이 애틋할 수 있는 최고치일지도 모르겠다. 그가 기쁘면 나도 기뻤지만 그에게 상처를 주는 것은 나한테 역시 상처를 주는 것이었기에. 그래서 나는 그 관계에 '동병상련'이라는 이름을 지어주었다.

어른 남자가 내게 가르쳐준 것

돌아보면 삶의 크고 작은 성취들은 모두 좋아하는 남자에게 잘 보이기 위해 해낸 것들이었다. 무엇 하나 잔소리하지 않는 부모 손에 자라 대신 '사랑'이 공부나 일의 가장 강력한 동기부여가 된 것이다. 그냥 에너지가 펄펄 끓었다.

열여덟, 대학교 2학년 때 통역 아르바이트를 하면서 의사이자 외국 대학 교수였던 서른여덟 살의 한 남자를 만났다. 혼란스러운 대학 분위기에 우왕좌왕하는 또래 남자 대학생들만 보다가 모든 생각이 정돈된 어른 남자를 알게 된 것은 고마운 일이었다. 우리는 처음 본 순간 직감적으로 서로를 좋아하게 되리라는 것을 알았다. 첫눈에 반하는 것을 믿지 않고, 대개는 첫눈에 반하지 않은 남자를 좋아하게 되었던 나로서는 이런 경험이 놀랍고도 신기했다. 아, 지금 이 사람에게 말을 건네지 않으면 안 돼, 라는 본능이 서로에게 동시에 일어나는 근사한 기적이라니.

　더군다나 우리에게는 다른 사람들과의 관계와는 확연히 차별화되는 점이 하나 있었다. 그것은 그와 내가 일본어와 영어로 소통할 수 있다는 점이었다. 일어를 잘하는 남자나 영어를 잘하는 남자는 있었다. 그러나 그 두 언어, 그것도 매운 상이한 두 가지의 문화나 가치 체계를 온전히 하나로 조율해서 자기 안에 품을 수 있는 상대를 만나기란 쉬운 일이 아니었다. 그것은 이 세상에 제공되는 주파수의, 몇 겹의 공기층을 공유하고 그 안에서 같이 숨 쉴 수 있는 근사한 일이었다. 그 누구보다도 특별한 지점을 우리는 함께했던 것이다.

　그와 나는 서로에게 깊이 빠져들기 이전부터 이미 많은 것을 공감하고 공유하고 있다는 감촉을 느꼈다. 무슨 이야기를 해도 즐겁고 말이 통한다는 느낌이 들었다. 또래들과 속 얘기를 털어놓자고 술 마시며 질펀하게 나누는 대화보다도 훨씬 더 이해받고 있다고 느껴졌고, 상대에게 나를 이해시키기 위해 힘겹게 나 자신을 설명하지 않아도 되는 것이 마음속 깊이 기뻤다.

　반면 그는 자신에 대해 많은 이야기를 하는 남자가 아니었다. 자신이 이해받아야 한다고 믿거나 쉬이 이해받기를 결코 바라지 않았던 것 같다. 대신 그는 나에 대해 많이 물었고, 그것은 나를 무척 소중히 여긴다는 느낌을 주었다. 그의 잔잔한 향수나 은테 안경

너머의 조금은 피로한 눈, 헝클어진 새치 섞인 앞머리, 이런 것들이 좋았다. 그 피로한 눈이 세상에서 가장 아름다운 피조물을 보는 양, 눈을 가늘게 뜨고 나를 물끄러미 바라봐줄 때가 좋았다. 그것은 내 마음속의, 내 몸속의 무언가를 살며시 끄집어내려 했다. 그가 나를 세심하고 조심스럽게 다룰 때, 나는 세상에서 가장 고급스러운 창조물이 된 듯 황홀한 기분이 들었다.

그는 출장으로 이곳에 온 터라 얼마 후 다시 떠나야 했는데 불과 며칠 안 만났는데도 이내 쓸쓸함을 느꼈다. 귀국 후에도 우리는 서로에게 긴 편지를 쓰고 또 썼다. 일 년 후, 그가 자신이 적을 둔 대학의 대학원 입학원서를 보내왔을 때, 나는 잔한숨을 몰아쉬었다. 안 그러면 가슴이 빨갛게 터질 것 같았기 때문이다. 난 단지 그가 너무 보고 싶어 높은 경쟁률을 뚫고 어떤 단체의 장학생으로 뽑혔고 여름방학 내내 도쿄에 체류할 수 있는 기회를 거머쥐었다.

그렇게 이제 갓 마흔이 된 그와 이 년 만에, 길 모퉁이의 고풍스러운 러시아 식당에서 재회했다. 둘 다 식어가는 채소 수프를 앞에 두고 손 댈 생각도 안 했다. 그는 테이블 너머로 쉴 새 없이 내 머리칼을 쓰다듬었다. 그가 머리칼을 쓰다듬어주는 것이 정말 좋았는데 그런 걸 보면 그는 나를 길들이는 데에 성공한 것 같았다. 나는 착한 모범생처럼 그간 얼마나 치밀하게 대학원 준비를 했는지 그에게 보고했고, 내 말이 끝나자 흐뭇하게 미소 짓던 그는 잠시 표정을 굳히고는 곧 결혼하게 될 것 같다고 털어놓았다. 시야가 먹색으로 바뀌는 순간 알았다. 난 사실 공부에 아무 관심이 없었고 오로지 그가 유학의 이유였음을. 오기로 일본 유학길에 오르겠지만 도중에 학업을 그만두리라는 것을. 훗날 그 모든 것은 정말 그렇게 되어버리고 말았다.

정확히 그 시점부터 연애에서 체념하는 습관을 배웠다. 이별하면서 남자를 저주하거나 원망하거나 '나를 배신했다'라며 격노하는 일도 없어졌다. 슬프고 감상적인 기분에 빠졌다가 이내 그 남자와의 즐거웠던 시간은 그리움으로 남았다. 일주일 괴로워하다가 어느새 멀끔히 부활했다. 그리고 그 이전보다 더 열심히 살고 더 열심히 연애했다. 나를 버리고 간 그 남자에게 보란 듯이, 가 아니라 그냥 자체적으로 힘이 샘솟았다.

가끔은 이토록 악감정이나 미움이 안 남는 걸 보면 단 한 번도 누군가를 진심으로 좋아한 적이 없는 게 아닐까 의심이 들었다. 남들은 사랑의 상처 때문에 몇 년씩이고 힘들어하고 하물며 다시는 사랑에 빠지지 못할 것 같다는 둥, 다시는 마주치고 싶지 않다는 둥 사람을 믿지 못하겠다는 얘기를 하지 않던가. 그냥 그 남자가 아니라 연애 감정을 좋아한 것이고 그 감정을 지속적으로 느끼기 위해 남자를 차례차례 이용한 게 아닐까? 심지어 그 남자들을 이렇게 글 소재로 써먹고 있지 않은가.

하지만 지금은 스스로에 대해 지나치게 낙관적인 해석을 할 수 있는 내가 좋다. 왜냐하면 울고 화내기엔 인생은 너무 짧고 사랑할 수 있는 시간은 더더욱 짧기 때문이다. 원래 좀 스스로에 대해서는 지나치게 낙관적으로 해석하는 나르시시스트 경향이 있긴 했지만, 이별 후 그리움으로 상대를 마음속에 남길 수 있는 것은 매우 건강한 거라고 믿고 싶었다.

관계에 대한 낙관성은 그 남자가 나를 놓고 가버림으로써 내게 주고 간 선물이었다.

나는 왜 차였나

지난 연애들에서 나는 주로 차이던 여자였다. 가끔 왜 그토록 차이기만 했을까, 생각하곤 한다. 불평하거나 원망하느라 그러는 건 아니다. 정말 궁금해서 그런 것뿐이다.

여러 생각 끝에 결론을 내렸다. 내가 먼저 그를 차지 않았기 때문에 결과적으로 내가 차인 거라고. 먼저 차지 않겠다고 결심한 이상, 악역은 필연적으로 그의 차지였다. 내게는 상대를 찰 이유가 없었다. 애초에 그다지 좋아하지 않는 사람과는 아예 시작도 안 했고, 한번 진심으로 좋아하게 된 남자와는 최소한 내 쪽에서만이라도 불씨가 꺼지지 않게 연료를 바지런히 집어넣을 수 있을 만큼의 열정이 충분했다. 게다가 나에겐 '내가' 그를 좋아하느냐가 더 중요한 문제였다. 그는 나의 마음을 뒤흔드는 데에 도움을 준 고마운 사람이니 상대와 자존심을 건, 누가 누구에게 먼저 상처를 주나 같은 '의자놀이'를 할 이유가 없었다.

가장 흔한 이별법은 연락이 두절되어 자연스럽게 헤어지는 것이었다. 연락이 겨우 돼도 묵묵부답 말을 안 하니 나와 끝내고 싶은 거냐 추궁하면 그는 기다렸다는 듯이 "그게 네가 원하는 거라면 하는 수 없지"라며 칼을 쥐여줬다. 더 이상 내 몸을 만지려 하지 않고 돈 쓰는 것에 티 나게 인색해지면 구질구질하고 비참해져 끝을 내야 했다. '널 위해 놔주는 거야'라는 느낌함도, '여자가 질척거리는 거 딱 질색이야'라는 눈빛에서 느껴지는 모멸감도 존재했다. 그냥 정직하게 자기 의사를 짧고 담담하게 말해주고 끝내면 좋을 텐데, 여자가 상처 입고 성내는 것을 시선 피하고 귀 닫지 않고 아주 잠시만이라도 정면으로 들어주면 좋을 텐데, 그것까지 바라는 건 무리였을까.

어떤 형태든 그가 '그' 말을 꺼낼 때가 다가오는 것을 직감적으로 알아챌 만큼 예민했다. 어떻게? 자주 차이다 보면 그런 것쯤 육감으로 안다. 게다가 사람은 대개 과거에 좋아했던 사람의 그림자를 계속 따라가게 되는데, 이렇게 엇비슷한 사람만 좋아하게 되니 계속 비슷한 이유로 차이고, 고로 그 징후들이 절로 학습되어버린 것이다. 그래도 상황은 또 데자뷔처럼 반복.

이별이 가까워짐을 느끼면 좋았던 시절이 생각나면서 우리가 어쩌다가 이렇게 되어버렸을까 시무룩이 생각한다. 감정에 솔직할수록 왜 상대는 멀어져가는지, 왜 그런 일이 매번 일어나는지 정말 알 수가 없었다. 따뜻하고 촉촉했던 눈빛이 한순간에 서늘하게 바뀔 수 있음을, 같은 입에서 전혀 다른 목소리 톤이 나올 수 있음을 알았다. 그가 변한 건 아니라고 생각했다. 나에게 주었던 시선과 언어들은 예의상 약간 변형은 하되, 고스란히 다른 여자한테 곧 안길 테니까.

때로는 내가 이렇게 이별, 아니 돌연히 차이는 것에 담담해진 이유가 과거에 암 선고로 인한 충격을 수차례 겪은 것과 관련이 있나 싶었다. 순간적으로 온몸과 온 정신을 마비시킬 만큼의 압도적인 소식을 여러 번 들어본 경험이 있다면 그 후 안 좋은 일이 닥칠 때 말초신경을 자동적으로 무디게 만들 수 있는 능력 같은 게 생기는 것 같다. 이것은 불가항력을 받아들이는 저주받은 재능이다. 그런 일을 연속으로 몇 차례 겪다 보면 더 이상 '왜 나지?' '왜 나여야만 하는 거야?' 같은 질문도 잘 안 하게 된다. 애써 의식을 무디게 꾹 끌어안고 있다 보면 고통은 어느새 내 앞을 지나쳐간다는 걸 알기에 상대가 아닌, 시간을 상대로 묵묵히 싸우는 것이다. 왜 차였는지 알려고도 안 하고, 알아도 받아들이지 않으니 학습이 될 턱이 없다.

삶에 수반되는 고통은 힘겹지만 배움을 얻게 해주니 대개는 힘들어도 아픈 만큼 성숙해지면서 뭔가를 배우는 편이 낫다지만, 솔직히 사랑에 있어서만큼은 교훈이니 성장이니 배움이니 하는 것들은 죄다 말장난이라는 생각이 든다. 두 사람은 만나서 사랑하고 헤어질 뿐이다. 남자와 여자가 만나서 헤어지는 데에는 그 누구의 잘못도 없다.

그럼에도 최악의 이별법이라는 것은 있었다. 자기가 먼저 헤어지자고 해놓고선 다시 나타나거나 불쑥 연락하는 것.

"잘 지내나 궁금해서……."

막상 내가 덜미를 잡고 매달리면 곤란해할 거면서 아직도 자기 생각을 하는지 나르시시스트들은 궁금해했다. 완전히 잊히는 것은 쓸쓸하니 마음이 조금 허전한 밤이면 '그녀를 상처 입힌 나쁜 놈'이라는 감미로움에 빠져 추억의 번호를 눌러보지만 그것은 그의 일시적 변덕. '역시 당신이 좋아' 같은 태도를 보이면 남자는 바로 다시 등을 보였다. 그런 남자를 다시 만나주는 여자가 바보라고 하면 나도 할 말은 없다.

•

12월 10일, 초겨울임에도 유달리 추운 밤이었다.

꽁꽁 얼어붙은 손으로 당시의 연인을 만나러 가던 나는 유난히 상기되어 있었다. 바로 전날 밤 엄마에게 사랑하는 남자가 생겼다고 폭탄선언을 했기 때문이다. 일식집에서 식사를 주문한 후, 성질 급한 나는 간밤에 집에 말한 일을 그에게 수줍게 고백했다. 한데 그의 첫마디는…… "당황스럽네"였다. 만난 지 고작 삼 주였으니 당황할 만했다. 한창 사랑에 빠진 모든 이들처럼 나도 단단히 제정신이 아니었던 것이다.

어색한 정적이 흘렀다. 내 입을 눈앞에 있는 어묵 꼬치로 꿰매버리고 싶었다. 후회와 민망함에 고개를 못 들고 있는데 그가 "네가 이런 말 하면 싫어할 수도 있는데……"라며 침묵을 깼다. 나는 숨이 탁 막혀 엉겁결에 "아무 말도 하지 마. 제발 그만해"라고 그의 말문을 막아버렸다.

나도 모르게 울음이 나왔다. 뭐가 그리 서러웠느냐고? 먹을 만큼 먹은 스물아홉 살의 나는 그간 비슷한 말투로 시작되는 말을 들은 적이 있었고, 이어지는 말은 대부분 "우리 너무 성급해지지 말자" 혹은 "그냥 편하게 만나지 뭐"였기 때문이다. 그래, 굳이 입 밖으로 내지 않아도 네 속을 다 안단 말이다, 이젠 정말 그 소리도 지겹구나……. 머릿속에서는 과거의 서러웠던 기억까지 홍수처럼 밀려들기 시작했다. 얼굴을 잔뜩 찌푸리며 우는 나를 물끄러미 바라보던 그가 걱정스러운 듯 말했다.

"너 갑자기 왜 우니? 내가 무슨 말 하려 했는지 알아?"

난 그제야 고개를 간신히 들어 원망스러운 눈빛으로 그를 뚫어지게 바라보았다.

"뭘 무슨 말을 해? 뻔하지."

고개 숙여 말하며 상처 받을 채비를 지레 끝냈다. 그러자 이번에는 그가 심호흡을 크게 했다.

"바보야, 아까 하려던 말은…… '나와 결혼해줄래?'였어. 네가 들으면 싫어할 거라고 한 건, 넌 항상 청혼은 남자가 무릎 꿇고 반지 가지고 제대로 정중하게 하는 거라고 했잖아."

내가 언제 이 사람한테 그런 얘기를 했지? 나는 한 박자 늦게야 이것이 내가 차이는 것이 아니라 청혼받는 현실임을 깨달았다.

인생은 직선이 아니니까

그녀는 내가 회사원이고 그녀가 글쟁이일 때부터 알고 지낸 후배다. 그런데 이제는 마치 옷을 고스란히 바꿔 입은 것처럼 입장이 완전히 바뀌었다. 우리가 이렇게 입장이 뒤바뀔 거라고 누가 알았을까?

"그러니깐요."

처음 회사에 들어갔을 때 그녀는 말을 아꼈다. 한데 누가 묻기라도 한 듯 그녀가 먼저 내 입을 막았다.

"조금만 다니다가 관두고 다시 바로 글 쓸 거예요. 그냥 잠시 선배 일 도와주는 것뿐이니까."

그러나 조금만 다닌다던 그녀는 그 후로도 계속 그 회사에 다녔다. 지난번에 보았을 때의 한시적으로 적응하고 있다는 느낌과는 사뭇 달랐다. 바쁘고 정신없다고 하소연했지만 이제 커리어 우먼의 각이 딱 잡혀 있었다. 한때 느껴졌던 자유 영혼 특유의 나른함은 예민함과 날카로움이 대신하고 있었다.

"반년만 하고 나오려고 했는데 어쩌다 보니 이렇게 이 년째 다니게 되네요."

그녀가 너털웃음을 지어 보였다.

"그래? 그럼 더 재미있게 열심히 다니면 되지, 뭐가 문제야."

"그런 말 해주는 사람은 주변에 언니밖에 없어요. 다 왜 다시 글 안 쓰냐고, 왜 꿈을 포기하느냐고 뭐라고 하더라고요. 슬슬 이제 다시 글 쓸 때가 되지 않았냐고……."

자꾸 주변에서 그런 말을 하니 마치 자신이 꿈을 저버린 변절자가 된 것만 같아 죄책감을 느낀다고 했다. 하지만 그녀는 그 일을 생각보다 잘했고, 그래서 여태 할 만큼 좋아하게 된 것이다. 뿐만 아니라 지금은 그 회사에서 전문적인 경험을 쌓고 퇴사해서 독립, 1인 회사를 차려 운영하고 있다. 이제 글쟁이였던 그녀의 모습이 잘 기억나지 않는다.

살면서 가장 불행한 순간은 좋아하지 않는 일을 억지로 하고 있다는 사실을 물리적으로 자각할 때라고 생각했다. 내가 좋아하고 제법 잘하고 있다고 믿었던 그 일을 사실 별로 좋아하지도 않고 썩 잘하지도 못한다는 사실을 받아들이는 것은 쉽지가 않았다. 그동안 들인 노력과 시간이 아까워서 안타까운 것만은 아니었다. '나도 변할 수 있구나'라는 사실을 인정하는 것이 상상 이상으로 고통스럽기 때문이었다.

내가 좋아한다고, 잘한다고 믿었던 그것, 좋아하고 잘한다고 믿었으니 분명 나를 행복하게 해줄 거라고 믿었던 그 일은 때로는 우리에게서 여러 가지 이유로 멀어져갔다. 그 과정에서 내 꿈을 향해 매진하는 것은 '좋은' 일이지만, 다른 일에 호감을 갖는 것을 자책해야 할 정도로 '옳은' 일은 결코 아니다. '이건 내 길이야'라는 뜨거운 자기 확신보다 '이건 내 길이 아니야'라는 냉정한 현실 인식이 훨씬 더 용기 있는 일일 수도 있다.

한편, 후배에게 "왜 다시 글 안 쓰니?" "왜 꿈을 포기하니?"라고 말하는 사람들처럼, 어떤 이들은 내가 회사를 다니다가 글을 쓰게 되었다고 하면 오래도록 염원했던 꿈을 이루었다고 짐작했다. 하지만 나는 단 한 번도 글 쓰는 직업이 회사를 다니는 것보다 낫다고 생각해본 적이 없다. 글을 쓰게 된 것도 몸이 아파 물리적으로 회사를 다닐 수 없어서 하는 수 없이 부업으로 하던, 차선의 일이었던 글쓰기가 본업이 되어 최선을 다할 수밖에 없었던 것뿐이다.

가끔 인터뷰에서는 그럴싸하게 "그동안 잊고 지냈던 오랜 꿈에 도전하는 거예요"라고 둘러댔을지도 모르겠다. 그러나 글을 쓰는 것이나 회사를 다니는 것이나 각각의 아름다움과 추함이 존재한다. 단지 선택의 문제는 당시에 어떤 상황에 놓여 있었는지, 그때 물리적으로 잘할 수 있는 것이 무엇이었는지에 따라 달라질 뿐이다. 내 경우엔 회사를 오래 다녀서 익힌, 일을 대하는 태도 덕분에 칠 년 넘게 프리랜서로 글을 쓸 수 있었다. 오래도록 어떤 형태로든 일을 해나갈 수 있게끔 기초 체력을 쌓게 해준 귀중한 경력이자 자산이다.

게다가 나는 애초에 '첫 단추'라는 것을 그다지 믿지 않았다. 첫 단추를 잘 끼우면 좋겠지만 우리 중 얼마나 그럴 수 있을까? 오히려 첫 단추나 한 방에 대한 과다한 믿음이 되레 사람들로 하여금 아무것도 시작하지 못하게 하는 것만 같았다. 첫 단추를 잘 못 끼워도 어차피 궁극적으로 자신이 바라는 것을 이룰 사람들은, 어디서든 시작해 조금 멀리 돈다 해도 어떻게든 그 여정 속에서 더 많은 깨우침을 쌓아 자기 그릇대로 쭉쭉 뻗어간다. 중요한 것은 어떻게든 '준비 중' 팻말을 내리고 상황을, 내 인생을 움직이기 시작하는 것이다.

독자와 연애하기

세상의 모든 인간관계가 필요악 같은 번거로움이지만 나는 그중에서도 가장 번거로운 인간관계가 부부 관계와 저자-독자 관계라고 생각했다. 뜨겁다가도 사사로운 계기로 차갑게 식기도 하고 영혼으로 맺어진 것 같지만 어떨 때 보면 서로에 대해 아무것도 이해하지 못한다는 것을 깨닫기도 하니까. 나보다 상대를 더 위하고 헌신하는 것처럼 말하고 행동하지만 사실은 자기가 보고 싶은 것만 보려고 하는, 참으로 이기적인 관계. 그러면서도 자신이 상상하는 최고치를 상대에게 투영하니 좋아할 때만큼은 그보다 더 뭉클한 관계도 없다.

사람들에게 곧잘 이런 말을 했다. 저자들은 가급적이면 실제로 만나지 않는 게 좋을 거라고. 만나면 백 퍼센트 실망할 거라고. 당장은 아니더라도 언젠가는 실망하게 될 거라고. 그러니 책을 통해

취할 부분만 취하고 정 마음을 표현하고 싶다면 요긴한 선물이나 편지가 가장 좋고 저자도 그걸 반길 거라고. 독자와 저자는 책으로 만나, 오로지 책을 통해서만 함께 행복을 느끼는 것이 가장 좋은 관계라고 생각했다.

말은 그렇게 했지만 정작 나는 그동안 독자들을 사적으로 만나는 것을 그리 기피하지 않았다. 겉멋 부리듯 '신비주의가 다 뭐냐'라기보다도 그냥 외로움과 심심함, 그리고 호기심이 작동했다. 아, 직업적으로 글을 쓰는 사람들은 정말이지 외롭고 심심하다. 혼자 있기 너무 힘들면서도 혼자 있지 못하면 못 견뎌하며 변덕스럽게 징징댄다. 이래도 싫고 저래도 싫다는 이상한 사람들! 사람들이 나를 궁금해하는 것 이상으로 나도 누가 내 책을 읽고 나를 받아들여주는지 너무도 궁금해서 후회할 걸 알면서도 얼굴을 들이밀고야 말았다.

복잡한 감정을 누군가에게 쏟아붓고 싶어서 그랬던 것도 있다. 늘 혼자서 과묵하게 일하다 보니, 매일매일 감정이 위아래로 요동쳤다. 하루는 그날 해놓은 작업물을 보고 우쭐하다가도 다음 날이 되면 모든 걸 다 때려치우고 싶을 정도로 자학에 빠졌다. 자기 글이 재밌고 재미없고는 누구보다도 그 글을 쓴 당사자가 알았다. 그걸 인지 못하면 글 쓸 자격 없다고 생각했는데, 차라리 내가 쓴 글이 어떤지 꿰뚫어 보는 능력이 내게 없었으면 하고 바랐던 적도 많았다.

　그럴 때마다 보이지 않는 독자들로부터 깊은 사랑을 받는다는 따뜻한 마음보다도, 내가 이토록 재미없는 글을 이딴 식으로 내보내다가는 결국 내 옆엔 아무도 남아 있지 않을 거라는 슬픈 좌절감이 들었다. 돌아보면 저자가 독자에게 더 탐욕스러웠다. 저자는 독자에게 제대로 이해받기를 끊임없이 갈망하고, 그것도 모자라 '나를 사랑한다 말해줘' '나에 대해 구체적으로 칭찬해줘' '기왕이면 그런 말을 해주는 당신이 매력적이었으면 좋겠어'라고 욕심까지 부렸다.

　때로 저자는 멋진 독자를 만나 인생이 바뀌는 경험을 하기도 한다. 객관적으로 저자보다 더 멋지고 잘난 사람인데 저자를 끔찍이 아끼고 생각해준다면, 인간적으로 그 호의에 마음이 열리지 않을 수가 없었다. 그런 독자를 가진 내가 참 근사하게 느껴졌다. '먼저 말 편하게 놓으라고 하면서 친구하자, 애인하자 할지도 몰라.' 독자 입장에서도 그 관계에 욕심이 날 수도 있었겠다. 멀게만 느껴졌던 매체 속의, 책 속의 그 사람이 실체가 되어 나를 원한다니 기분 나쁘지 않았을 것이다. 겉으로는 멋쩍은 척하지만 사랑이 이루어진 것처럼 그 순간만은 짜릿한 충만감이 두 사람을 지배할 터.

　한데 시간은 늘 내가 원하는 방식대로 흘러가질 않았다. 때로 시간의 흐름은 관계에 숙성과 깊이를 더해주는 것이 아니라 권태

와 상처를 남기며 소멸되기도 했다. 언제는 그토록 좋다고 토로하며 상대 마음의 방어벽을 허물더니, 이내 소리 없이 사라지거나 저주를 퍼붓거나 뒤에서 욕을 하며 떠나갔다. 가장 신실했던 팬이 가장 잔인한 안티가 되기도 하는 것은 사실이었다.

그러면 저자 입장에선 왜 혼자 제멋대로 가장 이상적인 내 모습을 상상하고서, 그대로의 모습을 안 보여주면 원망하고 실망하는지 묻고 싶었다. 마음을 필요 이상으로 주거나 보여준 것을 못내 후회하기도 했다. 친하고 편한 관계에서 무례함이나 무관심의 흔적을 발견하기 시작하면 예전에 내가 충분히 이해받고 있다고 느꼈던 안도감은 온데간데없이 사라지고 말았다. 그 사람은 그저 내 껍데기를 탐했던 것일까?

어떻게 아느냐고? 나 역시도 그래봤기 때문이다. 처음에 용기 내어 좋아하는 작가에게 보낸 팬레터에 답신이 오면 뛸 듯이 기뻐 몇십 번이고 다시 읽고 주변에 자랑하기도 했다. 내 자랑 같지만 나는 칭찬을 꽤 창의적으로 할 줄 아는 사람이기 때문에 나의 다양한 칭찬 공세에 상대의 마음이 차례차례 허물어져가는 걸 볼 때 묘한 성취감과 짜릿함마저 느꼈다. 동시에 나의 편지가 그를 행복하게 해줬다는 충만감도 느낄 수 있었다. 마음으로 소통한다고 내 멋대로 생각했다.

그런데 몇 번 편지를 주고받고 나서 어느덧 의무감에 회신을 하는 내 모습을 발견했고, 자신의 속내를 '일개' 팬인 나한테 털어놓는 것을 보고 부담감을 느꼈다. 내가 상상했던 사람이 아닌 것 같다고 이제 와 '아, 사람 잘못 봤습니다'라고 할 수도 없고, 참 그럴 때 내가 나쁜 사람이 된 것만 같아 난감하기 짝이 없었다. 하지만 시간은 미적지근하게 흐르고 이윽고 팬인 내가 답장을 하지 않게 되었다. 그런 배은망덕한 자신을 보며 나도 몹시 기분이 좋지 않았다. 그렇다고 억지로 팬인 척하는 것은 조롱받을 짓이라는 생각도 들었다.

내 독자들 역시도 그렇게 왔고 또 떠나갔다. 떠나갔다고 해도 내가 쓴 걸 좋다고, 재미있다고 면전에서 확신에 찬 표정으로 말해준 사람들은 절대 잊지 못했다. 늘 생각하지만 글 쓰는 사람들은 절대 자기만족을 위해서만 쓸 수 없다. 봐주는 사람, 인정해주는 사람, 아니 그 어떤 직업보다도 '사랑받는 것'을 필요로 하는 못 말리게 자기중심적인 애정결핍증을 가진 사람들이라고 생각한다.

회사를 그만두고 칼럼 연재물을 몇 개씩 쓰면서도 스스로의 글에 대해 불안감을 품었던 계절이 있었다. 연재하던 한 주간지의 연말 송년회에서 외부 필진들이 돌아가면서 자기소개를 할 때였다. 내 얼굴엔 꾸역꾸역 버텨가던 암울함이 서려 있었을 텐데 한 목소리가 그 마음을 깼다.

"아, 당신! 난 당신 글 참 좋아!"

내 어눌하고 자신감 없는 자기소개가 끝나자 그 자리에 있던 김선주 논설위원이 우렁찬 목소리로 외쳤다. 소심하고 뒤끝 있는 나는 이런 일을 결코 잊을 수가 없다.

다행히 사랑이 오랜 시간을 거듭하면 많은 경우 신뢰를 낳았다. 이제는 조금씩 독자들과 날것의 감정을 그대로 부딪치는 연애를 넘어 조금은 차분하게 신뢰를 쌓아가는 관계로 나아가고 있다는 생각이 든다. 나는 시간과 노력을 들여 성실하고 정중하게 내 일을 하고, 독자는 내 책이 나오는 것을 인내심 있게 기다리다 돈이 아깝지 않다고 생각하며 책을 사주는 것. 그리고 내가 저자로서 조금씩 더 나아질 거라고 기대해주는 것. 그 신뢰는 내가 계속 글을 쓰도록 지탱해줄 것이다.

독자가 왔다가 또 떠나기도 하는 것을 체념하듯 받아들이긴 하지만, 또 한편으로는 한번 좋아하면 누가 뭐래도 계속 나를 있는 그대로 좋아해줬으면 하는 욕심이 생기기도 한다.

나는 정말 행복해지고 싶을까

최근에 펴낸 산문에서 '나는 행복하면 글발 후져지는 여자다'라는 취지의 글을 썼더니 어떤 사람이 "당신에게는 행복이 중요한가요, 아니면 글발이 중요한가요?"라는 질문을 건넸다. 딸이 신생아 시절, 아이를 품에 안고 있으면 기분이 너무 달달하니 행복해서 긴장이 풀린 나머지 글발이 후져짐을 통감했던 것이다.

당시 내가 느꼈던 생소한 그 느낌은 평화롭게 마음이 사르르 퍼지는 행복감이었던 것 같다. 감각이 예민해질 필요를 못 느끼는, 아니 예민해서는 체력이 감당을 못했으니까. 그렇다고 내가 우울하거나 불행하다고 글이 꼭 더 잘 써지는 것도 아니었다. 불행한 느낌이 압도적이면 무기력해져서 감각은 오히려 마비되었다. 어쨌든 그 당시 느꼈던 행복감은 기간이 한정된 행복이었다.

그렇다면 내게 고정불변의 행복이란 무엇일까? 대답은 간단했다. 나는 '감정적'이고 '감성적'이고 '감상적'일 때 행복감을 느꼈다. 내가 소중히 여기는 행복의 형태는 감각이 어떤 형태로든 생생히 살아 있을 때를 일컬었다. 가령 사랑을 하면서 다양한 감정을 느낄 때 나는 행복했다. 글을 쓰면서 어떤 감정에 빠질 때 나는 행복했다. 그런데 이건 아무래도 느낌상 사람들이 생각하는 전형적인 '행복'이라는 개념과는 좀 다른 것 같다. 하여 행복이 아니라 '충만감'이나 '충족감'으로 표현하곤 했다.

내가 바라는 충만감은 행복과 불행 사이의 회색지대 어디엔가 놓여 있었다. 아니, 내게 있어서 삶의 충만감을 주는 것은 어딘가 '놓여' 있는 것도 아닌, 행복과 불행 사이에서, 희망과 절망 사이에서 오락가락하는 바로 그 '움직이는' 상태였다. 그러면서 울고 웃고 좌절했다가 희망을 가지는 등 변덕을 부리면서 스스로 살아 있음을 느꼈고, 그 과정에서 내가 깨닫거나 거부하며 고집을 부리거나 항복하고 변화하는 것을 스스로 지켜보는 것이 재미있었다.

'나도 내가 혼란스럽기 짝이 없지만 왠지 이런 내가 또 그냥 좋아요.'

흔들리고 생각하고 고민하는 일은 불안에 떨거나 불확실성에 몸서리치는 것이 아니었다. 무엇이 나를 제대로 깊이 충족해주는지를 차근차근 알아가려는 필요한 과정이었다. 예측 가능하게 안정된 상황에 처하는 것, 그것은 비현실적이었다. '이게 정말 내가 원하는 게 맞아?'라고 자꾸 스스로를 들볶을 것만 같았다. 그 흔들림이 싫어서 손쉬운 행복을 택했다 해도, 그런 쉬운 행복은 어느덧 싱거워졌다. 내가 나일 수밖에 없는 기쁨과 한계를 동시에 느끼는 것이 좋았다.

행복이라는 단어를 당연하다는 듯이 편안하게 다루는 사람들을 보면 너무나 신기하다. 어떻게 저렇게 행복이라는 개념에 편안할 수가 있지? 애초에 나는 너무 삐딱하고 비관적인지도 모르겠다. 전형적인 행복감 혹은 성취감을 느낄 때면 그것을 오래오래 느긋이 즐기기보다도, 성질이 급해서인지 이 느낌이 결코 영원하지 않다는 것을 가장 먼저 의식했고, 지금 얻은 이 행복이 이내 시시해지리라는 것을 미리 시무룩하게 받아들이며 스스로 찬물을 끼얹었다. 하지만 또 반대로 남들이 고통스러워하는 전형적인 불행이라는 감정을 느낄 때면 그 누구보다도 먼저 내 마음을 깊숙이 들여다보며 희망의 불씨를 발견했다. 더불어 내게 여전히 욕망이 있음을 확인할 때 느끼는 그 격정적이고 예민한 감각은 '불행'이 아니라 '결핍'에 가까웠고, 그 결핍을 채우려고 속에서 울컥하는 본능이 바닥을 치고 다시 올라갈 때 진정한 천국의 맛을 보았다.

의도한 건 아니지만 삶의 모든 측면에 회색주의적인 부분이 있었다. 항상 치우치는 것을 경계하며 중간 어디에선가 흔들리는 태도. 어떤 식으로든 고착되는 것에 굉장히 숨막혀했던 것 같다. 유동적이고 흔들리는 가운데 가지게 되는 안정감이 좋았다. 온몸의 세포를 예민하게 곤두세우며 스스로의 상황을 조금씩 움직여가고 있다는 확실한 감촉이 들 때, 가장 충만하고 생생하게 살아 있다는 느낌을 받았다.

•

행복과 불행이 맞닿아 있었을 때의 이야기를 해보자.

생일이 1월인 나는 매년 초 생일을 맞이하는 일이 조금 착잡하다. 나이를 더 먹어서가 아니다. 내가 고역스러운 것은 생일에 맞춰 암 정기검진을 잡아놓기 때문이다.

스무 살부터 여태까지 네 번의 갑상선암 수술을 받았다. 첫 수술은 목에 둔탁한 칼자국을 남겼다. 두 번째 수술은 유학을 포기하게 했다. 세 번째 수술은 결혼 직후에 받게 되었는데 임신불가령과 비만을 선물로 주었다. 네 번째 수술은 극심한 체력 저하로 회사 생활을 단념하게 했고 더불어 공황장애라는 정신병을 선사했다. 예후가 낙관적이어도 네 번째가 마지막이라고 장담 못했다. 네 번째 수술에서 이것이 마지막이 아닐 수도 있다는 언질을 받았다. 최근에 받은 검진에서는 임파선 전이가 의심되어 내년쯤 다섯 번째 수술을 해야 할지도 모른다. 스무 살 이후의 사진들을 보면 목에 반달 모양 상처가 티가 났다가 사그라들었다가의 반복이었다.

지금도 내가 아침에 일어나서 맨 처음 하는 일은 갑상선 호르몬제를 한 알 꺼내 먹는 것이다. 이따금 졸린 아침엔 아까 약을 복용했는지 안 했는지 금세 잊어버려서, 불안한 나머지 무조건 한 알 더 먹기도 한다. 북한의 핵 실험이나 미사일, 태풍 뉴스가 나오면 식료품 사재기보다 약에 더 신경 썼다. 여행이라도 가면 약을 분실할까 봐 약통을 최소한 가방 두 개에 나누어 담아 가고, 그것도 모자라 바지 호주머니에도 몇 알 넣어 간다. 평생 그 작은 알약의 노예로 살겠지만 그것 없이는 목숨을 부지할 수 없으니 어쩔 수가 없다. 한번은 수술 후 동위원소 치료를 하기 위해 매일 투약하던 갑상선 호르몬제를 삼 주간 끊어야 했었는데, 약 없이 이 주째로 접어드니 마치 마약중독자가 금단현상에 시달리는 것처럼 침대에서 꼼짝도 못하고 밥 떠먹을 힘도 없고 죽을 것만 같아, 주치의에게 살려달라고 매달렸던 적도 있다.

정기검진 가는 것이 우울했던 데에는 이유가 또 있었다. 긴장된 마음을 부여잡고 내 차례가 되어 진료실에 들어가면 주치의는 반가워하면서, 나처럼 재발이 거듭되는 환자는 아주 드문 희귀 케이스라며 진귀한 표본 다루듯 뒤에 서 있는 레지던트들에게 들뜬 목소리로 나를 소개했다.

"걱정하지 마. 또 생기면 다시 수술하지, 뭐."

그는 내 어깨를 토닥였고 간호사는 황급히 다음 환자를 진료실로 불러들였다. 이런 것은 조금, 슬프다.

이따금 마지막 수술을 받았던 팔 년 전의 상황을 바로 어제 일처럼 느끼기도 했다. 한겨울에 수술을 받았지만 봄이 지나도록 체력이 회복되질 못했다. 일과는 대략 이랬다. 아침에 일어나 밥을 해 먹고 오전에 두 시간 동안 글을 쓴다. 초보자 실력으로 영화 시나리오를 썼다. 하루에 세 시간 이상 일하면 어지러워서 그 정도 하고 점심을 챙겨 먹는다. 이른 오후면 완전 무장을 하고 아파트 앞 상가로 살살 걸어 내려가 동네 비디오가게와 슈퍼에 들른다. 카트 끌고 다니는 뉴욕의 노숙자 아줌마처럼 매일 같은 모습으로 같은 시간에 나타나 주섬주섬 물건을 사고 최소한의 말만 했다. 그런 것들을 사고 바꾸고 하는 것이 내가 세상과 하는 유일한 소통이었다. 오후엔 보통 누워서 쉬거나 컴퓨터를 한두 시간 한다. 저녁 6시가 넘어 해가 지기 시작하면 그때부터 공황장애 증상이 스멀스멀 나타나 남편에게 어서 귀가하라고 재촉 전화를 걸었다. 다행히 그가 일찍 오면 밥을 먹고 뉴스를 시청한 후 가습기 물을 바꾸고 잠을 청했다.

달라지는 것은 매일매일의 뉴스 정도였다. 남편이 갑작스럽게 해외 출장을 가거나 하면 서른도 한참 넘은 나이에 혼자 집에 있기 불안해하며 혼자서는 아무것도 못하는 아이처럼 안절부절못하다가, 고민 끝에 언니네 집에 겨우 택시를 타고 가 일주일간 피신해 있기도 했다.

수술 후 극심한 공황장애를 앓게 되어 집에서 백 미터 반경 이상의 장소는 혼자서 가지 못했다. 일전에 한번 버텨보겠다고 남편이 지방 출장을 짧게 갔을 때 거동이 힘든 상태에서 혼자 집에 있다가, 급작스러운 발작을 경험하기도 했다. 사실 남편이 출장을 가지 않고 일상적인 삶을 보낼 때도 비실대는 모습 보이기 싫어 남편 퇴근 전에 걸핏하면 근처 내과에 가서 영양제 링거를 맞았다. 누구랑 통화하거나 비디오 볼 힘도 없었다.

반년 정도가 지나서야 비디오를 끝까지 볼 수 있게 되었고, 전화가 오면 심호흡 한번 하고 웃으면서 받을 수 있었으며, 비록 여전히 외출 수단은 택시뿐이었지만 혼자서 동네를 벗어날 수 있었다. 호주머니 속엔 혹시 몰라 비상금 오만 원과 우황청심원과 병원에서 준 항불안제가 늘 들어 있었다. 정신과병원을 다니며 인지행동치료도 받기 시작했다. 탁상 달력에 하루의 운동량과 컴퓨터 사용 시간 등을 기록해나갔다.

매일 우리 아파트 동만 한두 바퀴 도는 것에 그치다가, 어느 토요일 남편이 집에서 대기하고 있다는 것을 심리적 버팀목 삼아, 나는 경비 아저씨들이 호기심 어리게 각 동 관리실 앞에 서서 지켜보는 가운데 아파트 단지 전체를 세 번이나 돌았다. 사이좋게 아침

먹고 한 번, 점심 먹고 한 번, 저녁 먹고 한 번.

  병후의 세상은 너무나도 아름다워 보였다. 아파트 1동 앞 언덕 벤치에서 펼쳐져 보이는 파란 하늘, 그보다 더 파란 한강, 몸부림치며 피기 시작한 크림색 목련, 한강변의 마라톤족, 주말이라 여유 부리는 듯한 자동차들, 옥수동 거리, 평소의 평범한 이 모든 것들이 그저 눈부시기만 했다.

현실주의자의
꿈

아름다운 이별은 존재하는가

사랑하는 사람과 헤어지기로 했다. 이유는 중요치 않다. 다만 중요한 것은 서로에게 이별만이 최선이었다는 것뿐이다.

마음속으로 다짐을 수도 없이 했건만 실제 이별은 순탄치가 못했다. 머리로는 받아들였지만 몸이 납득을 못했다. 헤어지자고 했으면서도 그 후 몇 번을 더 만났다. 오늘 저녁식사를 끝으로 저 문을 열고 나가면 각자의 삶을 살아야지, 했음에도 밖의 날씨가 너무 추워 정신을 못 차린 건지 함께 택시를 타버렸다. 택시 뒷자리에 같이 탔던 게 우리가 저지른 첫 잘못이었다. 왜, 무엇 때문에 헤어져야 하는지 잠시 기억상실.

정말 웃기지도 않았다. 이젠 진짜 관두자고 해놓고서 만나고 또 만나고. 오늘이 마지막이라는 생각이 두 사람의 감정을 더 뜨겁게 달아오르게 했을 수도, 더 격정적인 연애를 하기 위해 이별을 이용한 것일 수도 있다. 하지만 그런 상태는 결코 오래갈 수가 없다. 하루는 이게 정말 마지막이구나, 싶었는데 급기야는 대판 싸우고 말았다. 감정이 남아 있는데도 헤어질 수밖에 없는 현실이 노여워 상대에 대한 증오심이 점차 자리 잡아갔지만, 표면적으로는 아름답게 이별할 궁리만 했던 것이 무리수였다. 무리에 무리를 거듭하며 아슬아슬해졌을 때 결국 폭발했다. 서로에게 소리소리 지르며 비난을 퍼부어댔다. 혼자 집으로 돌아올 땐 실성한 여자처럼 흐느끼며 혼잣말로 상대를 욕하고 저주했다. 그것은 내가 그를 사랑했다는 증거이기도 했다.

이 세상에 아름다운 이별이라는 게 정말 있을까? 3월에 휘날리는 눈보라를 멍하니 바라보며 문득 그런 의문이 들었다. 누가 내게 묻는다면 나는 없다고 대답할 것 같다. 세상의 그 어떤 이별도 가슴 아프고 먹먹하기만 했다. 모든 이별에는 어김없이 혼란과 격한 감정이 동반됐다. 물론 그것은 그만큼 사랑했다는 증거이기도 했다.

누굴 너무 좋아해서 힘들고 고통스러울 때 난 울다가 울음의 깊이가 깊어지면 헛구역질을 끊임없이 했던 것 같다. 속이 뒤집힌다는 게 이런 거구나 싶었다. 아무리 미화한다 한들 그건 아름다운 게 아니라 고통스럽고 비참한 것에 불과하다. 하지만 반대로 말하면 그렇게까지 하지 않으면 이별할 수 없다는 뜻이다. 극한까지 상대와 나를 괴롭히지 않으면 헤어지지 못할 정도로 그 관계를 아끼고 사랑한 것이다. 그래서 나는 여전히 '사랑하니까 헤어져' 같은 헛소리를 믿지 않는다. 정말이지, 이별할 때 잘 끝내는 것까지 고민할 필요는 없다. 서툴고 우매하게 생긴 대로, 있는 그대로 해도 뭐 어쩌겠나.

그렇다고 아름다운 이별이 정녕 없다는 건 아니다. 다만, 그것은 어느 정도 세월이 지나 과거로서 이별의 기억을 되새겼을 때의 감상 아닐까? 축복인지 주책인지 세월은 노스텔지어와 나르시시즘의 도움을 받아 많은 것들을 아름답게 채색한다. 그러니까 지금 무리하게 이별을 미화하지 않아도 적정 세월이 지나면 대부분의 이별은 저절로 아름다워질 테니 걱정할 건 없다.

•

연애하는 시간보다 이별하는 시간이 길었던 사람이 있었다.

일을 통해 알게 된 그 남자는 몹시 마르고 키도 크지 않았다. 창의적인 일을 하는 탓에 섬세하고 부드러운 사람이었다. 지어낸 얘기 같지만 어느 날 그가 내가 살던 오피스텔 건물로 이사를 왔다. 내가 거기 사는 것을 몰랐던 그는 놀랐지만 그 우연에 유쾌해했다. 반면 공사를 철저히 구분하며 살았던 나는 사생활 보장이 안 될까 봐, 툭하면 술 먹자고 불러낼까 봐 걱정 반 짜증 반이었다. 그래도

의리상 이사 들어오는 날 짐 나르는 것을 도왔는데, 그의 살림살이가 조금 기묘했다. 조심스레 수소문해서 뒷조사를 해보니, 독신인 줄로만 알았던 그에게 한때 아내가 있었다고 했다.
"그럼, 이혼……하신 거네요. 아, 그래서 2인용 가구들이……"
"아, 그런 게 아니고……"
말을 해준 이는 목소리를 조금 낮추었다. 그의 아내는 이 년 전에 힘든 출산을 하다가 안타깝게도 아이와 함께 세상을 떠났다고 했다. 충분히 나이가 많았던 그에게 아무도 함부로 노총각 운운하는 농을 건네지 않았던 이유를 그제야 알 수 있었다.
처음엔 그런 배경 때문에 심리적 부담감을 느꼈다. 나는 스스로의 불행에 대해서는 징징거릴 수 있어도, 감당하기 힘든 불행을 품은 사람을 대하는 방법에는 무지했다. 그러나 그런 걱정도 기우였다. 바보처럼 어느새 내가 먼저 그에게 마음을 열었던 것이다. 같은 오피스텔에 살다 보니 아무래도 차도 얻어 타게 되고 지하 식당가에서 오다가다 만나면 한 끼 대충 얼굴 마주보고 때우게 되고, 때로는 퇴근하고 혼자 방에 늘어져 있으면 오피스텔 앞 포장마차로 그가 나를 불러냈다.
예민했던 그인지라 내 마음의 변화를 알아채고 조금 당혹스러워하는 눈치였지만 그렇다고 나의 호의를 내치지도 않았다. 받아들이긴 힘들었겠지만 아마 그도 외로웠을 터였다. 슬픔에 젖어 있는 것 자체가 슬슬 지겨워졌을지도 모른다고 나는 함부로 넘겨짚었다. 그렇다고 그가 적극적으로 호응했더라면 어쩌면 내가 한 발짝 뒤로 물러났을 수도 있겠다. 사별한 아내와의 의리를 지키는 그에게 몸과 마음이 더 달아올랐다고 조심스레 고백한다.

한 지붕 아래 살다 보니 어쩔 수 없이 더 친밀해진 그와 나는 그 후 못 참고 함께 밤을 지새웠다. 아직 아내의 3주기가 안 되었던 터라, 처음에는 심리적 저항으로 고통스러워 보였지만 아침이 밝아오자 그의 눈빛이 고요한 바다처럼 한결 편안하게 변해 있었다.

더불어 깊은 안도감을 느낀 나는 그때부터 조금씩 결혼이라는 단어를 그 앞에서 꺼내기 시작했다. 갓 이십 대 후반에 진입한 여자 특유의 조급증이 발동했다. 상냥하고 마냥 사람이 좋던 그는 이번에도 적극적으로 받아들이지는 않았지만 그렇다고 내치지도 않았다. 막연한 희망을 품으며 어서 그의 고통스러운 삼 년이 완전히 끝나기를 기다렸다. 모든 것에는 여지없이 끝이 존재하니까.

그러던 어느 날, 그가 오피스텔에서 이사를 나가게 되었다. 이번에는 예전과는 조금 다른 입장에서 어설프게나마 이사를 도우러 아래층으로 내려갔다. 부지런히 짐을 옮겨 담고 있는데 서랍 속에서 느닷없이 사별한 아내의 커다란 영정 사진이 튀어나왔다. 처음 보는 그녀의 환하게 웃는 사진에 귀신이라도 본 것처럼 "아……" 하고 작은 비명이 본의 아니게 내 안에서 새어나왔다. 그 소리에 놀라 그는 황급히 내 쪽으로 건너왔고 내 손에 들린 사진을 보더니 굳은 표정으로 대뜸 휙 빼앗아 다른 짐 사이에 쑤셔 넣어버렸다.

"이제부턴 내가 할 테니 그만 올라가서 쉬어."

나를 쳐다보지 않고 그가 말했다. 나는 옐로카드를 받은 축구선수처럼 아무 소리 못하고 그 자리에서 퇴장할 수밖에 없었다.

영정 사진의 충격으로 뭔가에 씐 듯 미뤄왔던 일들을 하나둘 성급하고 경박스럽게 처리해나가기 시작했다. 그동안 쉬쉬했던 이 연애를, 그 업계에서 가장 입 가벼운 여자에게 일부러 슬그머니 흘렸다. 부모님께 그에 대해 빠짐없이 이실직고했다. 엄마의 눈물과 아빠의 무거운 침묵을 견뎌내며 겨우 승낙을 받아내던 날, 긴장이 풀려서 그랬는지 참 많이 울었던 기억이 난다. 그렇게 해서 조금이라도 그의 부담을 먼저 덜어주고자 했고 그저 빨리 이 소식을 전하고 싶은 마음뿐이었다.

그 이야기를 전해 들은 그는 난감한 표정으로 고마워하면서도 미안해했다. 그 모습이 흠칫 불안했다. 불안한 예감은 적중해서, 며칠 후 그는 역시 결혼만큼은 못하겠노라고 번복했다. 명료하게 자기 의사를 표현한 건 그것이 처음이었다. 더 이상 내가 할 수 있는 것이 없었다. 죽은 사람을 상대로 싸울 순 없지 않은가. 더불어 이사는 자연스럽게 물리적인 이별을 가져왔다.

얼마 지나지 않아, 그가 이사한 집에 처음으로 갔다. 놀러 간 것은 아니었다. 나는 초대받지 않은 손님이었다. 이젠 아무 사이가 아닌 상태에서 한밤중에 찾아간다는 것은 초대받지 않은 손님이 분명했다. 현관 앞에서 차라리 호되게 냉대를 당했으면 하고 바랐다. 그는 늘 너무나 자상하고 친절한 말과 표정으로 나를 달래왔고, 나는 제발 더 이상은 그에게 달래지길 바라지 않았다. 그의 속내가 비열하길 바랐고 그것을 있는 그대로 보여주길 바랐다. 다 보여줘야 내가 납득하고 이해하고 그를 잊을 것 같았다.

그는 내 기대를 처음부터, 언제나 그래왔듯이, 무참히 깼다. 노크할 것도, 벨을 누를 것도 없이 아파트 현관문이 열려 있었던 것이다. 문을 열고 방 두 개짜리 작은 주공아파트 안으로 들어갔다. 남자 혼자 사는 공간 특유의 달콤한 곰팡이 냄새가 났다. 집 안은 컴컴했다. 나는 숨을 깊게 들이마셨다. 방문 틈으로 침대가 보였다. 어두운 그림자 사이로 작은 몸을 웅크리고 자고 있는 그가 눈에 들어왔다. 나는 방문 앞에서 발걸음을 멈췄다. 속에서 뜨거운 뭔가가 확 솟구쳤다. 대체 저 남자는 어디서 저런 넝마 같은, 동네 아줌마들이나 좋아할 법한 싸구려 꽃무늬 이불을 가져다 덮고 있는 것일까. 왜 저 남자는 아직 겨우 삼십 대 중반인데 오십 대 남자처럼 보일까. 왜 저 남자는 평소에는 그렇게 잘 웃고 실없도록 상냥한데 잘 때는 저렇게 불쾌하게 찡그리고 자는 것일까. 왜 저렇게 낡고 얼룩진 티셔츠를 입고 자는 것일까. 화가 치밀고 속상해서 견딜 수가 없었다.

침대맡에 앉아 그가 자는 모습을 조금 더 내려다보다가 그의 긴 곱슬머리를 만지작댔다. 잠이 얕았는지 그는 이내 깼다.

"웬일이야?"

그가 몸을 일으켜서 침대 가장자리에 앉았다. 말은 저렇게 했지만 이 상황이 별로 놀랍지 않았던 모양이다. 이미 한평생분의 충격은 다 겪었다는 듯 담담했다. 마치 기다리고 있었다는 듯. 내가 웬일로 이 밤중에 여기까지 절로 오게 됐는지는 그에게 묻고 싶었다. 그러나 그만큼의 용기는 없었으니 고개를 떨구며 겨우 대꾸했다.

"현관문을 그러니까 왜 열어놔……."

말도 안 되는 대답을 할 수밖에 없었다.

당신은 늘 이 모양이야. 다 열어놓은 것도 아니면서 왜 내가 제멋대로 열도록 내버려두는 거야. 갑자기 이 모든 상황이 바보처럼 느껴져서 자리에서 벌떡 일어섰다. 그가 눈을 비비며 깊은 한숨을 몰아쉬더니 내 팔을 잡아끌어 다시 자신의 옆자리에 앉혔다. 그러더니 또다시 역시나 예전 그대로 어린아이 대하듯 나를 어르고 타이르기 시작했다.

한밤중에 남의 집에 무단침입한 죄도 있으니 나는 꿋꿋이 들으려고 했다. 그러나 도중에 끝내 못 참고 그의 잔인한 입을 내 입술로 막아버렸다. 내가 원하는 당신의 자비로움이란 바로 그런 종류의 천박한 것임을 그렇게 알려주는 것 말고는 할 수 있는 일이 없었다. 물론 거기에는 그 어떤 육체적인 기쁨도 없었다. 그러기에는 너무나 많은 생각들이 복잡하게 엉키고 교차했다. 아마도 나는 모든 것을 머릿속에서 섞고 갈고 다지고 마침내는 분쇄해서 없애기 위한 의식으로써 그것을 필요로 했는지도 모르겠다. 그렇게 마음 안에서 소용돌이치는 것치고는 겉으로 드러난 우리의 마지막 의식은 너무도 고요히 순식간에 끝나버렸다.

•

세월은 덧없이 흘러 나는 어느 추운 겨울날, 첫아이를 출산했다. 제 자식을 껴안으며 무척 기뻐하는 남편의 모습에 그 남자가 아주 잠시 오버랩되었다.
 우리의 마지막 날 밤, 너무 꺼이꺼이 울어 탈진한 내게 위로랍시고 그가 마지막으로 했던 거짓말이 있었다.
 "네가 아까워서 그래. 나처럼 흠집 난 놈 말고 평범한 남자 만나 결혼해. 혹시 나중에…… 그럴 일은 없어야겠지만 이혼이라도 하게 되면 그땐 나랑 살자."
 내가 여태껏 들어본 중 가장 창의적이고 끔찍한 이별 선언이었다. 그러니까 지금으로 치면 나 결혼했지만 아직 이혼은 안 했으니 아직 그와의 가능성이 열려 있는 거다?

　시간이 한참 지나고서야 알았다. 사별한 아내와 상관없이 그저 나를 사랑하지 않았음을. 그의 상실의 깊이가 내가 상상할 수 있는 선을 넘어선 극한의 것이었음을. 하지만 늦더라도 하지 않는 것보단 낫다. 학습 속도가 느려도 깨우친 것은 다른 사람들과 공유해야 한다. 그래서 이렇게 종종 연애에 관한 고해성사 격 글을 쓸 수밖에 없다.

　그의 죽은 아내에겐 더 이상 미안하지 않다.

속 깊은 이성친구의 필요성

그 남자는 내가 다니던 고등학교의 우상이었다. 잘생기고 말도 잘하고 웃기고 운동 실력도 뛰어났다. 하물며 두뇌는 명석한데 공부는 잘 안 했고 내킬 때 좀 하면 모두를 앞질렀다. 그는 폐렴 후유증으로 왼쪽 귀가 안 들렸는데, 그런 결핍 요소마저도 왠지 신비감을 안겨주었다. 많은 여학생들이 그를 흠모하는 것을 알 수 있었던 건 나 역시도 그를 좋아했기 때문이다.

"진짜? 네가? 에이 설마~"

믿지 못하겠다는 투로 말하며 그 남자는 세월이 한참 흐른 지금 내 앞에서 대수롭지 않다는 듯 키득키득 웃는다. 나는 왠지 마음 놓고 따라 웃지 못했다. 당시 설사 고백했다 한들 아무 소용 없었으리라는 것 정도는 열다섯 나이에도 이미 알았다. 그는 왕자님이었고 그의 시선은 '프랑스 인형'이라 불리던 또 다른 '공주님'에게로 향하고 있었기 때문이다.

　아직도 가끔 이십오 년 전의 그 남자애가 지금 내 앞의 이 남자 어른인지 무척 불가사의한 기분이 들 때가 있다. 한때는 밤새도록 가슴앓이를 하고 그의 아무 생각 없는 한마디에 비수에 찔린 듯해도 면전에서 대놓고 아프다는 소리 한번 시원하게 못해봤는데, 지금은 그가 내 딸아이를 남편 다음으로 어여뻐하고 딸아이도 남편 다음으로 그를 잘 따른다. 어쩌다가 이렇게 됐지? 대학 시절 잠시 친구 이상 애인 이하로 지내다가 끝나기도 했고, 내 친구들이 그와 만났다 하면 홀딱 반하는 것을 꾹 참고 지켜봐야 했고, 그의 두 번의 결혼식에 복잡한 마음으로 참석해야 했다.

　대학생이었던 한 주말 아침, 그의 집에서 그의 가족들과 함께 천연덕스럽게 밥을 먹을 때 잠시 혼자 착각을 한 적도 있었던 것 같다. 또 어떤 날은 그가 이혼하고 미모가 더 뽀얗게 오른 예의 그 '프랑스 인형'을 에스코트하고 동창회에 나타나기도 했다. 뒤늦게 등장한 그 잘생기고 예쁜 이혼남과 이혼녀의 빛나는 앙상블 앞에서, 하는 수 없이 돌쟁이 아기를 데리고 밤 외출을 해야 했던 나는 포대기를 내다버리고만 싶었다. 내가 미쳤지, 그날 왜 난 애를 데리고 나간 걸까? 사랑받고 사는 여자의 훈장?

　지금의 그는 나와 더없이 친밀하고 다정하다. 정성스러운 선물도 때 되면 챙겨주고, 일로 도움도 주고, 남편한테는 말 못할 비밀 이야기도 들어주고, 컴퓨터도 고쳐주고, 온라인으로 대화도 나누고, 우리가 아끼던 추억의 음악도 들려주고, 맨날 집에서 일하니 맛없는 집밥만 먹어야 하는 나와 밖에서 맛있는 밥도 같이 먹어준다.

주변에서는 각자 결혼을 해도 이렇게 오랜 지기 남자친구가 끔찍하게 챙겨주는 게 신기하고 부럽다고 한다. 그동안 적지 않은 삶의 난관을 거쳐 그가 이렇게 자상해졌을까? 아니면 내가 미세하게나마 이름이 알려져서? 그가 자상해질수록 나는 가끔 어쩔 줄을 모르겠다. 주기만 했던 여자는 받는 것이 이토록 어색하다. 내 마음을 알린들 이제 와서 뭐가 달라질 수 있을까? 나도 바보는 아니니 그가 영원히 왕자인 채로 박제될 거라는 생각은 안 했지만, 결코 공주가 될 수 없는 나는 내 모습만 다시금 확인할 뿐이다.

그래도 너무 멀리 가지 않는 것이 우리에겐 축복이었다. 격하게 모든 것을 탐하는 연애보다, 한발 뒤로 물러서서 서로를 지켜보고 필요에 따라서 팔을 빌려주는 따뜻한 관계가 나이 들수록 더 애틋하다고 느껴졌다. 우리는 속 깊은 이성친구로 영원히 서로에게 존재할 수 있었다.

젊었을 때는 남자와의 우정 따위 생각도 안 했다. 연애나 사랑에까지 미처 못 닿은 이급품이 우정이라고 치부했다. 남자와의 우정은 생기면 그 자리에 그대로 고이게끔 방치했는데 그렇게 막 놔둔 우정이 참 오래가면서 더 강해졌다. 반면 열심히 노력 들인 연애는 확 피고 바로 죽어버렸다. 그사이 그 남자아이들은 내가 보든 말든 혼자서 제멋대로 각자의 분야에서 자신의 인생을 가꿔나가고 있었다. 그 모습을 지켜보는 것, 그 아이들이 남자 어른으로 성장하는 모습을 지켜보는 것은 눈부시도록 즐거웠다.

남자친구나 남편은 물론 사랑하고 좋아한다. 하지만 그와는 다른 친밀감을 공유하는 이성친구가 우리의 기나긴 인생을 따뜻하게 보살펴준다. '속 깊은 이성친구'라고 해서 털털한 남자와 여자가 중성적인 느낌으로 왁자하게 노는 게 아니다. 오히려 남자 지수 혹은 남자 농도, 여자 지수, 여자 농도가 굉장히 높은 사람들끼리 팽팽하게 만나야 유지될 수 있는 것 같다. 왜 더 일찍 만나지 못했을까 아쉬워하고 다른 형식으로 만났으면 어땠을까 상상해보기도 하지만, 그래도 지금의 이런 관계를 충분히 향유하고 보존할 줄 안다. 감정의 저울질도, 타산도 필요 없다. 속 깊은 이성친구가 소중한 이유는 연인이나 남편과는 달리 어떤 의미에선 나를 가장 나다울 수 있게 해주고 내가 누구인가에 대해 더 잘 알게 해주기 때문이다.

여자와 남자가 결코 이해 못할, 서로를 알아가려고 하는 일처럼 세상에서 무모하고 짜릿한 것은 없지만, 성숙하고 자상한 남자와 여자라면 즐거움 이상으로 어느덧 서로에게 필요한 존재가 되어간다. 대화와 온기, 정보를 나누는 것을 넘어 각자의 성취에는 칭찬을, 슬픔과 좌절엔 위로와 격려를 아낌없이 보낸다. 개인적으로 걸린 게 없다 보니 상대의 사회적 망상을 이해하고 개인적 망상을 십분 보듬어줄 수도 있다. 깊게 관여된 관계가 아니라면 상대를 배려하고 상냥한 말을 던지는 일은 얼마나 쉬운가. 더불어 날 봐주고 안 봐주고의 기준도 명확하다. 철저히 '그건 아니지, 그게 아니라는 건 너도 알잖아'라고 짚어줄 때와 '누가 뭐래도 난 널 지킨다'라고 끌어안는 타이밍이 나를 여자로서 좋아하는 이들과 웃음이 날 정도로 확연히 반대였다. 사랑이 없다면 이렇게 이성을 이해하고 더 많은 것을 받아줄 수 있을 것이다. 사랑만 없다면.

갈수록 속 깊은 이성친구 관계야말로 남녀 사이에 있을 수 있는 가장 깊은 관계라는 확신이 든다. 연애 감정은 아닐지언정 예전보다 더 깊이 그를 사랑하고 있다. 그런 생각이 드는 것은 그와 나, 우리 둘 다가 일이나 가정에서 자신이 마땅히 있어야 할 장소를 정확히 확보하고 있음을 의미하기 때문이다. 부부 관계가 무거움과 슬픔을 나누는 관계라면 그 무거움을 보완하기 위해 가볍고 따사로운 관계가 있어도 나쁘지 않겠다고 생각했다.

그렇다고 해서 그들이 연애나 결혼을 하는 것을 그저 남 일처럼 마음 편하게 바라볼 수만은 없었다. '왕자님'이 두 번째 결혼을 했을 때 나는 신부 대기실 문 앞에 서서 계속 신부의 수줍게 들뜬 모습을 지켜보고 있었다. 그녀에 대해서는 얘기만 들었지 한 번도 얼굴을 본 적은 없었다. 신부 친구들이 분주히 대기실을 오가니 그녀는 나를 전혀 의식하지 않을 거라고 생각했는데, 나중에 '왕자님'한테 이렇게 전해 들었다.

"네가 대기실 문 앞에서 끝까지 따뜻하게 지켜봐줘서 정말 고마웠다고 우리 와이프가 그러더라. 야, 네가 정말 그랬어?"

잘생긴 그가 깔깔거리며 나를 짓궂게 놀렸다.

결혼식 후 따로 한 번도 보지 못한 그의 와이프를 떠올렸다. 내 뇌리 속엔 늘 웨딩드레스 입은 모습으로 남아 있을 그녀.

미안해요. 그때 그거, 나 심란해서 그랬던 거예요.

우연한 전직

신사동 가로수길에 산책을 나가면 팔 년 전 작업실이 생각난다. 회사를 그만두고 프리랜서로 일을 시작하던 무렵, 일러스트레이터인 후배 성민이와 같이 작업실을 구했다. 4층짜리 작은 건물 2층에 있던 우리의 열 평 남짓한 작업실. 유일한 이웃인 201호는 한 경제신문사 지국이었던 것으로 기억한다.

우리 작업실은 마치 무라카미 하루키의 소설 『양을 쫓는 모험』에 나오는 주인공의 번역 사무소 같다고 생각했는데, 그것은 이웃 201호 탓이었다. 늘 반쯤 문이 열려 있는 그곳은 책상 두 개에 두 명의 직원이 다였다. 한 분은 오십 대 아저씨, 한 분은 아마도 사십 대 후반 아주머니. 그들은 물론 부부가 아니었고 서로 대화도 거의 안 했다. 상자 같은 두 사무실밖에 없는 이 작은 건물 2층을 뻥 뚫어놓으면 가관이었을 것이다. 젊은 남자 하나, 젊은 여자 하나. 나이 든 남자 하나, 나이 든 여자 하나. 서로서로 책상 간격을 조심스레 유지하며 앉아 있는 꼴이라니! 그래도 옆집이 전화 통화로 가득한 시끄러운 소규모 여행사나 슬리퍼 신은 프로그래머들이 와글거리는 웹 벤처회사가 아닌 게 그나마 다행이었다. 프리랜서 생활을 부산스럽게 쫓기는 마음으로 시작하고 싶진 않았다.

 말은 그렇게 해놓고선 나도 성질 급하게 군 일이 있다. 그 얘기를 하면 지금도 얼굴이 화끈거린다. 프리랜서가 되어 맨 먼저 한 일은 그래픽 작업이 가능했던 성민이를 닦달해 명함을 만드는 것이었다. 마치 명함이 없으면 사람도 못 만나고 일도 못할 것처럼. 이런 걸 보면 나는 여전히 '회사 인간'이었다. 폼 나게 한답시고 이름과 전화번호, 작업실 주소만 심플하게 박았다. 어디에도 소속되지 않은 자유인처럼 심플한 화이트의 완성된 명함을 받아들고 한동안 물끄러미 바라보았다. 기대했던 것과는 달리 막상 내 이름 석 자 옆에 아무런 부연 설명이 안 달린 명함을 받아들고 나니 마음이 을씨년스럽도록 허전했다. 허전함을 느낀다는 것 자체가 심리적으로 아직 프리랜서로 전환하지 못한 나 자신을 보는 것 같아 기분이 더 안 좋았다. 결국 그 명함은 다섯 장도 못 쓰고 버리고 말았다.

•

처음이자 아마도 마지막으로, 회사에서 '잘린' 적이 있었다.

대학병원 정기검진에서 갑상선암 재발 판정을 받았던 칠 년 전 그날도 여느 때처럼 눈코 뜰 새 없이 바쁜 한 주였다. 과로로 이틀 걸러 링거를 맞는 등, 컨디션이 무척 안 좋은 상태였다. 그 와중에도 임신하고 싶어 배란일을 조정하러 점심시간을 이용해 옆 건물 산부인과에 몰래 다니던 일도 생각난다. 항암치료를 받으면 또 몇 년간 임신을 늦춰야 했다. 그것도 망했다. 머리가 멍한 상태로 회사로 돌아왔지만 이 상황을 어찌해야 할지 막막했다. 어느새 나는 한 남자 상사에게 사내 메일을 쓰고 있었다. 일 분도 채 안 돼서 전화가 울렸다. 지금 바로 올라오라고.

"당장 관둬."

동대문 일대가 통유리창 너머로 한눈에 훤히 내려다보이는 33층 사무실에서 나는 처음으로 잘렸다.

"휴직 같은 거 할 생각 말고, 오늘 짐 싸서 내일부터 나오지 마."

날카롭고 빠른 그의 어조에 모든 긴장과 노여움이 풀리더니 눈에서 눈물이 나기 시작했다. 좀 전 아래층 사무실에서 몇몇 가까운 사람들에게 털어놓았을 때 모두가 이구동성으로 해준 말은 "몇 달 휴직하고 건강 챙겨서 다시 회사 나오면 되지, 뭘 걱정이야"였다. 그런데 이것은 원 '걱정하지 마, 그동안 네 책상 안 뺄게'라는 다독임도 아니고 딱 잘라 관두라고 윽박지르는 그의 말에 오히려 마음이 놓였다. 그렇게 말하고 그는 평소대로 퉁명스럽게 울지 말라며 티슈 상자를 거칠게 건넸다. 나는 '화장실'도 아닌 '회장실'에서 마음 놓고 코를 실컷 풀다 나왔다.

그때 그가 나를 자르지 않았다면 아마도 여태 골골대며 회사를 다니고 있었을 거라 생각한다. 인생 경로를 바꾸는 일은 생각 외로 어렵다. 나도 스스로를 못 미더워했는데 그가 앞장서서 나를 믿었다. 회사에서 일했던 것 못지않게, 회사 다닐 때 그에게 배웠던 것처럼 내 일을 스스로 어떻게든 만들어나가리라는 것을.

그런 모습을 그에게 보이는 것이 진심으로 내 몸을 아끼는 마음에서 기꺼이 날 '잘라준' 상사에 대한 예의라고 아직도 믿고 있다.

·

말은 저렇게 해도 가끔은 회사로 돌아가고 싶은 마음이 없었던 건 아니다. 프리랜서라는 것은 말 그대로 누가 먼저 일을 알아서 주지 않기 때문이다. 그 전의 것은 다 무효로 만들고 모든 것을 새로 시작해야 했다. '프로'의 프리랜서는 취미나 자아 성취의 세계도 아니었다. 이 세계에선 '팔리는' 일만이 의미가 있었다. 계속 이렇게 보이지 않는 꿈을 향해 꼼지락거리다 보면 원하는 것을 잡을 수 있을까? 포기하긴 일렀다.

벽의 대부분은 인간의 불안과 고민이 제멋대로 크게 쌓아 올린 것에 불과할 때가 많았다. 그래도 분주히 폼이 안 나더라도 벽 주변을 훑어보면서 틈의 가능성을 살피며 어디 허물 데가 없을까 왔다 갔다 했다. 후발 주자가 일을 쟁취해내는 것은 그만큼 힘든 일이었다. 월드컵 경기 때 단 한 번도 출전 못한 축구 선수들을 보면 똑같이 훈련하고 똑같이 따라다녀도 1군 선수들 중 누가 다치지 않는 한 출정의 기회조차 없다. 하지만 거기서 낙담할 수도 없다. 만약의 경우를 대비해 '나 여기 있소'라며 치고 들어갈 준비를 늘 하고 있어야 기회를 잡으니까.

어쩌면 프리랜서의 본질이라는 것은 '내게 적합한 것이 뭘까' '난 정말 뭘 하고 싶은 걸까'라며 적성이나 재능을 묻는 게 아닐지도 모르겠다. 어떻게든 내가 일할 수 있는 장소를 많이 만들어서 부탁받은 일을 기분 좋게 성실히 하는 것, 그러다가 '아, 나는 이런 종류의 일을 잘할 수 있구나'를 자연스레 깨닫게 되는 것이 아닐까. 더 나아가서는 내가 하고 싶었던 일의 개념이 예전에 생각했던 것보다 확장되는 즐거움을 얻을 수도 있다. 그렇게 일 의뢰가 점점 늘어나면 그때 그중에서 내가 하고 싶은 일을 선택해나가는 것, 그것이 '꿈'이 아닌 '현실'의 프리랜서가 가는 길이라고 생각했다.

매체에 처음 글을 쓸 때 가장 어려웠던 점은 내가 매체에 글을 써본 적이 없다는 현실이었다. 한 매체에 고정 칼럼을 쓰려면 담당 기자와 편집 데스크에게 자신의 글을 '팔아야' 하는데, 이게 은근히 어려운 것은 경험이 없는 나는 일단 아무런 존재감이 없고 아무리 글이 좋아도 이름이 안 알려진 상황에선 채택하기 어렵기 때문이다. 연재한 곳이 없으니까 안 써주고, 안 써주니까 연재할 데가 없고……. 윗선에선 "걘 누군데?"라고 물었을 때 "아, 그(녀)는 ○○에 글을 썼던 ○○예요"라고 딱 나오지 못하면 주목받기가 힘들다. 하물며 일회성 글이 아닌 최소 석 달은 이어져야 하는 고정 연재라면 퀄리티의 지속성 문제로 더욱 검증되지 않은 무경험의 신인은 뚫기가 어렵다. 게다가 이 경우에는 재능에 관한 문제이기에 부동산 보증인처럼 누가 나서서 보장해줄 수도 없다.

그래서 나는 상대적으로 까다로워 보이지 않고, 고정 연재물의 수요가 있어 보이던 한 잡지에 아는 기자의 아는 기자의 아는 기자, 라는 3단계 연줄을 통해 열 개의 샘플 원고를 보내서 첫 연재물을 쓰기 시작했다. 그리고 그 잡지의 연재물을 바탕으로 다른 신문에 연재하게 되고, 또 그 신문을 바탕으로 또 다른 매체에 연재하게 되었다. 글을 쓰다 보니 한국에서 고정 칼럼을 쓸 수 있는 지면이 얼마나 비좁은지도 통감했다.

냉정한 주제 파악도 중요했지만 자기만의 주제를 갖는 것이 중요했다. 칼럼을 쓸 때 유행 타는 주제를 선정하는 것처럼 위험한 것은 없었다. 설령 지금 유행하는 주제에 대해 쓰더라도, 그 유행이 끝나도 계속 그에 관한 자신의 글을 쓸 수 있어야 했다. 글 쓰는 일은 트렌드와는 한참 거리가 멀었다. 자기 주제를 확고히 가지면서도, 창의적으로 외연을 넓혀가야 했다. 나의 주제가 확장성을 가질 수 있는지도 중요했고, 개인만의 생각을 충분히 투영할 수 있으면서 신선한 변화를 응용해 넣을 수 있는 유연한 주제여야 했다.

게다가 글 쓰는 사람의 숙명은 더욱 알려지거나 잊히거나, 둘 중 하나인 것 같았다. 꾸준히 가늘고 길게, 내 페이스대로, 내 입맛대로 '유지'만 한다는 것은 현실적으로 가장 어려워 보였다. '내가 좋아하는 글을 내가 좋아하는 대로 쓰면서 살 테다'라는 것은 말처럼 쉽지 않았다.

성실히 한다고 해도 중간중간 억울한 기분이 들 때도 있었다. 연애나 사랑에 대해 솔직하게 글을 쓰면 초창기 때만 해도 외로운 아저씨들로부터 '사귀자'라는 식의 애면 메일도 많이 받았다. 자신이 모든 결정을 한 후, 기계처럼 그 틀에 글을 끼워 맞춰 쓰라는 사고가 꽉 막힌 편집자를 만나보기도 했다. 책이 나오기 전에는 친절하고 곰살맞게 잘해주다가 책이 안 팔리니 담당자가 서먹하게 대해 서운하기도 했다. 자존심이 상처 입었던 게 아니라 내가 그 사람에게 해를 끼친, 못나고 나쁜 사람이 된 것만 같아 자괴감에 기분이 안 좋았다. 모교에서 특강을 하는데 오백 명은 족히 들어갈 대강의실에 불과 십여 명도 안 들어온 적도 있었다. 너 따위가 뭔데 우리가 제안하는 일을 마다하느냐는 소리도 들었다. 물론 불평할 수만은 없다. 그것은 프리랜서 일이 동반하는, 어쩔 수 없는 당연한 일들이었다. 고군분투하던 시절이었다.

'나는 대체 여기서 무엇을 하고 있는 것일까?'

'나는 지금 어디로 향하고 있는 것인가?'

세상에, 삼십 대 중반에 이십 대 때 되뇌이던 질문을 또 하고 있다니. 가끔 전화를 끊고 멍하니, 코스트코에서 구입한 삼만 원짜리 플라스틱 책상 위에 두 팔로 머리를 부여잡고 가만히 숨을 죽이고 엎드려 있곤 했다.

•

프리랜서는 동료가 없는, 혼자 하는 직업이다. 그러다 보니 원칙적으로는 나만이 내 편이 돼줄 수 있었다.

"너 자신을 사랑하라."

다른 사람들이 뭐라고 하든 나만은 스스로를 사랑하라고, '난 괜찮아' 거울 보며 스스로를 격려하라고, 이 아름다운 조언은 말했다. 현실이 힘들 때 우리는 저 말에 마지막 희망을 걸곤 한다. 하지만 나는 여러 책에서 저렇게 위로하고 치유하는 말을 볼 때마다 '내가 좀 사랑할 만해야 진심으로 사랑할 수 있는 것이 아닐까'라고 삐딱선을 탔다.

'그래도 나에겐 이게 있어'라고 할 만한 무엇이 없을 때, 그때는 보편적인 위로에 귀 기울이고 스스로를 다독이는 대신 주변 잡음을 차단하고 나의 단단함과 일관성을 지탱해줄 '무언가'를 찾고 쌓는 것 외엔 방법이 없었다. 기실 자존감을 높이고 나 자신을 사랑하는 것은 마음가짐이라기보다 매우 구체적인 지침이었다. 이것은 '내가 되고 싶은 나'와 '현재의 나' 사이의 차이를 줄이려는 의지와 실천을 말했다. 그러려면 먼저 '내가 되고 싶은 나'와 '현재의 나'를 명료하게 정의할 수 있어야 하고, 그 차이를 최소화하기 위해 어떤 현실적인 행동을 취해야 하는지 알고 그것을 실제로 해야만 했다.

자존감이 충만해 보이는 사람도 늘 자신을 사랑할 수 있는 것은 아니다. 어떨 땐 스스로가 멋져 보이다가도 이내 자괴감에 빠진다. '자뻑'과 '자학'의 상태가 교차하는 것이 인간이다. 하지만 여기서 차이는 자기 연민에 빠지지 않고 그것을 바탕으로 어떤 행동을 취하느냐 아니냐다. '나를 사랑하려는 의지'가 아니라 '내가 사랑할 만한 사람이 되려는 의지'의 차이 말이다.

자존감은 저 멀리 위에 있는 것이 아니었다. 자존감은 다름 아닌 일상의 자발적인 성실함에 늘 존재하고 있었다.

내가 원하는 것을 알아가는 어려움

글 쓰는 일을 하는 사람들은 대개 조직 문화랑 잘 안 맞고 구속받는 것을 싫어하는 성향을 갖고 있을 것 같지만 나는 별로 그렇지 않았다. 제법 회사라는 곳을 긍정하고, 좋아했다. 회의, 회식, 심지어 단합대회도 좋아했다. '윗사람 마인드'를 가지고 있다며 비아냥거리는 소리까지 들었다. 글 쓰는 일을 시작하면서도 한동안은 어쩌면 다시 회사에 다닐지도 모른다는 생각이 정기적으로 뇌리를 스쳤다. 꼭 그게 아니더라도 실제로 글만 쓰는 것으로는 밥벌이가 불가능했기 때문에 회사 쪽 지인을 통해 들어오는 기획서나 문서 작성 일을 받아 소화했다. 돈 안 되는 글을 쓰기 위해 돈 되는, 글과 관련되지 않은 일을 했던 것이다. 이런 모순은 곧잘 정체성의 위기를 가져왔다.

한 달에 이백만 원을 지불하겠다는 홍보대행 업무가 들어온 적이 있었다. 일은 어렵지 않았고 금액도 매달 통장에 온기를 채울 수 있을 정도였다. 달콤한 유혹이었다. 책 팔아서 돈이 안 되는 것을 실감했던 나는 주말 내내 고민하고 또 고민했다. 결국 눈 질끈 감고 거절했다. 왜냐하면 그 이틀간 계속 그 일에 대한 시뮬레이션을 하면서 '아, 그 매체한테 이렇게 저렇게 접근하면 될 거야' '이건 이런 소재로 홍보 거리를 만들면 되겠다' 등, 벌써 머릿속으로 혼자 상상의 나래를 펴면서 살짝 흥분하고 있었던 것이다. 무리도 아니었다. 사람은 누구나 '하던 가닥' 같은 것이 있어서, 변화를 시도하다가도 어느 순간 자신이 익숙한 곳으로 다시 끌려가 있는 스스로를 발견하게 된다. 십여 년에 걸쳐 익숙해진 것으로부터 탈피해서 새로운 일이나 삶의 방식을 나에게 입힌다는 것, 그리고 그 변화를 오롯이 혼자, 타인의 통제 없이 관철하는 것은 상상 이상으로 힘겨웠다.

"자유롭게 그냥 네가 원하는 대로 해."

이 말처럼 짜증 나는 말이 없었다. 내가 원하는 것이 뭔지, 내가 원하는 것이 과연 맞는 길인지 너무 혼란스러웠으니까.

한 기업체의 마케팅 대행 계약직 이야기도 오갔다. 최소 반년, 길게는 일 년 기한이었다. 출근할 필요도 없고 담당자도 예전부터 알던 사람이고 회사 브랜드도 좋고 무엇보다도 돈이 좋았다. 당시 온갖 잡다한 연재와 일회성 원고 등으로 버는 돈을 다 합친 것보다 수입이 훨씬 웃돌았다. 인정하긴 싫지만 그것 역시도 무척 매력적인 제안이었다. 담당자들과 몇 차례 회의를 하고 분위기를 파악하면서 어느새 절로 그 프로젝트 속으로 깊숙이 들어가고 있었다.

문제는 어느 순간부터 내가 몹시 짜증이 나기 시작했다는 것이다. 스멀스멀 '뭔가 이건 아니다' 싶은 느낌부터 아토피가 온몸에 번졌고 남편에게 불필요한 짜증을 부렸다. 결정적으로 아차 싶었던 것은 다음 주에 마감인 원고를 마치 누군가에게 쫓기듯 주말 아침부터 불쾌한 기분으로 허겁지겁 쓰고 있었다는 것이다. 해치워버리듯이, 귀찮다는 듯이. 이것은 정말이지 글 쓰려는 사람에겐 너무나 안 좋은 징조였다.

그 계약직 일이 점차 나의 머릿속을 지배하는 1순위가 되어가고 있었다. 그도 그런 것이 직장 생활을 할 적에 늘 남이 부탁한 일을 먼저 다해준 다음 내 일을 했던 '착한' 여자 근성이 남아 있었기 때문이다. 그런 과거의 내 모습이 다시 이런 형태로 불쑥불쑥 나타나는 것이 과히 유쾌하진 않았다. 그리고 무엇보다도 '난 잡글만 쓰는 게 아니라 아직도 잘나가는 기업체에선 날 찾는다구'라는 이상한 현시욕이 남아 있는 것도 역겨웠다.

나는 여유롭고 꼼꼼하게 원고를 쓰고 가끔씩 사색에 잠기기도 하면서 지내고 싶었던 나의 욕구를 포기한 것에 대해 스스로에게 미묘하게 화를 내고 있었다. 이럴 거면 뭣하러 회사를 그만뒀어?

아, 물론 건강상 도저히 정상적으로 회사를 다닐 수 없다는 것은 알았다. 다만 본능에 따라 행동하지 않고(일 자체는 내가 잘하는 것이지만 하고 싶은 일은 아닌데) 논리적으로 생각하느라(그래도 이만한 돈이면 원고를 대체 몇 개를 써야 하는데) 머릿속이 엉망진창이 되어 너무 괴로웠다. 위협이나 보상 같은 약속을 통해 스스로 어떤 일을 하도록 동기를 유발하는 것에 익숙한 나 자신이 싫었다.

어려서부터 자주 전학을 다니며 빨리 적응해야 한다는 강박증으로 스스로에게 어떤 일을 강요하는 것은 식은 죽 먹기였다. 직장생활에서 유능하다는 소리를 들었다면 어느 정도 '자신을 죽이는' 성향을 구비하고 있을 터, 이런 탁월한 통제력이 오히려 나의 열정을 희생하는 짓임을 깨달은 것은 언제나 그렇듯이 한참 지나서였다. 그래서 나를 힘겹게 했던 그곳으로 돌아가지 않으려고, 매 순간 내가 가혹한 채찍으로 나 자신을 위협하지는 않는지, 당근이라는 외적 보상을 내밀고 있지는 않은지 감시해야만 했다. 그렇지 않으면 효율성이라는 가치에 중심을 실으면서 쉽게 나 자신에게 폭력적으로 굴 가능성이 농후하니까. 이런 사고 회로와 행동 양식을 바꾸고 다시 나를 진정으로 챙기며 '자기 자신과의 신뢰'를 쌓아가는 데에 정말 많은 시간이 걸렸다.

나는 '해야만 하는 일'은 덜 중요하게 다루고 '에너지를 얻을 수 있는 일'을 더 중요하게 다루고 싶었다. 어떤 이유에서건 내 몸이

나 직감을 포기하면 결코 나에게 충실할 수 없다는 것을 자각했다. 내가 스스로에게 뭘 흔들면서 강요한다면 강요당하는 만큼 내 몸과 마음은 반항할 게 불 보듯 뻔한데, 과거엔 그것을 느끼면서도 묵인했다면 이제는 본능에, 내 마음속 목소리에 귀 기울이고 싶었다. 내가 본능에 완전히 충실하고 있다는 믿음이 없다면 절대로 참된 안정감도, 충족감도 느낄 수 없을 것이고 앞으로 나아갈 힘도 사라져버릴 것이었다. 이젠 단순히 동기부여라는 개념보다는 그간 내 안에 갇혀 살아왔던 억눌린 열정을(그런 것이 있다면) 자유로이 분출하고 싶었다.

   시작부터 없다고 단정 짓지 않고 내 안에 창조적이고 생산적인 충동이 단단히 자리 잡고 있다면 그저 먼저 스스로를 자유롭게 열어준 후 그 충동이 솟아나기를 기다리기만 하면 되었다. 보상과 처벌로 스스로에게 강요하면 내가 진심으로 사랑하는 것이 무엇인지, 그것을 얼마나 진심으로 원하는지를 깨닫지 못할 것이다. 앞으로는 나 자신과 거래하지 않겠다고 다짐했다.

•

   정말이지, 프리랜서를 하면서 가장 어려운 것은 머리가 시키는 일과 마음이 시키는 일 중에서 우선순위를 판단하는 것이다. 저

두 가지가 합치된 거면 얼마나 좋겠느냐만 들어오는 일들을 보면 두 가지 조건에 다 부합하는 것은 그리 많지 않다.

대개의 경우 후자, 즉 마음이 시키는 일을 하려고 노력하며, '아니, 머리가 시키는 일을 할 거면 회사를 다녀야지 왜 프리랜서를 해'라고 생각했지만, 어떨 땐 어느 게 머리의 소리고 어느 게 마음의 하소연인지 분간이 안 되기도 했다. 사실 마음과 머리는 물리적으로 한곳에 존재하는 것이 아니던가. 그나마 내가 고안한 분간 방법은 아래 사항을 가늠해보는 것이었다.

- 과연 내가 그 일을 한 다음에 나 자신을 더 좋아할 수 있을 것인가, 아니면 싫어하게 될 것인가.
- 그 일을 함으로써 겉으로 비치는 나의 모습과 내가 느끼는 나의 진짜 모습 간에 괴리가 더 깊어질 것인가, 아니면 점점 더 '나다운' 일체감을 느낄 것인가.

그럼에도 어려운 것은 머리가 시키는 일을 했다손치더라도 그 일이 잘 풀리고 기대하지 않았던 다른 기회나 선물도 가져다주면 결과적으로 '마음'이 만족을 느낄 수 있다는 것이다. 그와 반대로 마음이 시키는 일을 할 때 처음엔 기대감으로 가득 찼다 해도 일이 별 성과가 없다면 '그래, 그래도 난 내가 원하는 일을 했으니까 그걸로 된 거야'라고 애써 미소 지을지언정 진심으로 충족될 리가 없다. 입맛에 맞는 일만 하는 게 프리랜서의 자세일까? 내가 하고 싶은 일만 하고 사는 것이 어른인가? 오히려 하기 싫은 일도 하면서 사는 게 어른스러운 자세가 아닐까 싶기도 하다.

한편으로 자기 이름 내걸고 일하는 프리랜서의 경우 당연히 '남이 보는 나'와 '내가 아는 나'는 조금 달라야 정상이 아닌가, 남들이 진짜 나를 알아봐주길 기대하는 것이 병적이지 않나 싶기도 했다. 다시 말해, 뭐든지 보기 나름이라고 '머리가 시키는 일'이 부정적으로 작용하면 '자기기만'이 되고, '마음이 시키는 일'이 부정적으로 작용하면 '민망한 자위'가 되었다.

이러니 나중엔 대체 내가 뭘 원하는지조차 알 수 없고 내 목소리가 머리에서 들려오는지 마음에서 들려오는지 다 뒤죽박죽될 때도 있다. 그래서 프리랜서 초년 시절, 아니 어쩌면 지금까지도 그저 닥치는 대로 들어오는 일은 모조리 다 하는지도 모르겠다. 당시 종합소득세를 신고하던 때가 기억난다. 원체 모든 일(칼럼 연재물, 책 원고, 외부 원고, 방송, 강연, 번역, 통역, 대필, 기획서, 행사 진행 등)을 들어오는 대로 다 받다 보니 업종 코드가 번잡할 정도로 다양해서 세무서 직원이 "뭐하는 분이세요?"라고 물어본 적도 있다. 그러나 지금은 최소한 글 쓰는 일에서만큼은 내가 별로 쓰고 싶지 않은 원고는 죄책감 없이 마다할 수 있게 되었다. 일을 하면 할수록 노출이 되어 일이 더 많이 들어오고, 일을 안 할수록 일이 줄어드는 프리랜서의 불투명한 처지를 생각하면 그래도 나를 찾아주는 것을 거절하기란 쉬운 일이 아니다.

어느덧 그 일에 대해 석연치 않은 마음이 들 때 내가 보이는 징후는 주변 사람들에게 "이 일 어때?"라고 묻는 것으로 자연스레 드러났다. 애초에 납득되면 아무한테도 묻지 않고 그냥 해버리므로. 다만 문제는 하필 그때 주변에 남편밖에 없어서 하는 수 없이 남편에게 그 질문을 던지면, 그는 어김없이 무조건 감사히 일을 받으라고 정색하며 대답한다는 것이다.

현실주의자의 꿈

이른바 청춘들을 대상으로 한 특강에 가면 예외 없이 받는 질문이 있다.

"지금껏 특별한 의식 없이 남들 따라 학창 시절을 보냈는데 막상 대학에 들어와서 시간이 좀 지나니 이젠 뭘 하며 살아야 할지 걱정됩니다. 내 적성과 재능이 무엇인지, 뭘 하고 싶은지도 모르겠어요. 어떻게 하면 내가 무엇을 잘하는지, 무엇을 하고 싶어하는지 알 수 있을까요?"

인생을 어떻게 살면 되는지, 자신을 어떻게 하면 발견할 수 있는지 알려달라는, 실로 어마어마한 질문이 아닐 수 없다. 나도 내 인생을 어떻게 살아야 할지 막막한데!

나의 모범적인 답변은 이렇다.

"마음이 끌리는 감각을 믿고 하나하나 시행착오를 겪으면서 스스로에 대해 깨달아가거나, 주어진 것을 열심히 해나가면서 관심 영역에 대해 집중과 확장을 반복해보세요."

그러나 분위기 썰렁해질까 봐 하지 못한 다른 답변도 있다.

"조금이라도 자발적으로 하고 싶은 걸 발견 못하면 여태껏 당신이 하던 대로 특별한 의식 없이 남들 하는 대로 따라가는 것도 한 방법이고, 아마 내가 굳이 말을 안 해도 대부분이 결과적으로 그렇게 할 거예요."

너무 냉정할까? 그러나 지금부터 뭔가를 생각하거나 해봐야 할 것 같다고 갑자기 걱정하는 것이야말로, 남들이 왠지 바삐 준비하는 것처럼 보이니까 덩달아 그 분위기에 끌려 따라가려는 게 아닐까. 사실 자신만의 독자적이고도 특별한 재능이나 적성, 더 나아가서 천직을 발견하는 것은 결코 일반적인 일이 아님을 인정하는 것부터 해야 한다고 생각했다. 내가 바라는 것은 뭐든지 할 수 있다고 타인이 해주는 말은 사탕발림일 뿐, 강력한 희망의 주술로 불안감을 없애는 것보다 불안감을 이겨낼 수 있게 도와주는, 집중할 수 있는 자신만의 그 무엇을 스스로 찾아내고 실행해야 한다.

자신감, 자존감이라는 것, 적어도 내 경우엔 거저 오지 않았다. 어느 정도의 시간과 인내심과 훈련과 노력해본 경험, 그리고 일상에서의 일관된 성실함이 필요했다.

'늘 소망했던 꿈을 이루기 위해 원래 하던 일 때려치우기'도 나를 포함해 사람들에게 무척 매혹적인 주제다. '무엇으로 먹고사는가'는 한 사람의 존재 양식을 근본부터 뒤흔드는 사안이기도 하지만 나 역시 '때려치운' 경험을 거쳤기 때문이다. 그래서 예전부터 이 주제에 대해 여러 사람들이 쓴 글을 참 많이도 찾아 읽었다. '무조건 좋아하는 걸 해야 된다' '현실도피 아니냐' '장단점 대조표를 만들어 논리적으로 접근하라' '잠시 멀리 떨어져서 생각하라' 등 저마다 조언들은 제각각이었는데 한 가지 공통점이 있었다. 그것은 방법론에 있어서 당사자들의 개인적 성공 경험이 어김없이 투영되어 있다는 것이었다. 결과적으로 '질러서' 잘된 경우라면 '너도 질러봐라, 해볼 만하다'라고 하고, 헛된 욕망임을 알아차려 십년감수한 경우라면 '안 하는 것도 선택이다'라고 짚어주었다. 뭐가 맞는지는 결과가 말해주었고, 그 결정은 개인에 있어서의 진리였던 셈이다.

성공했다기보단 여전히 고군분투 중이지만 나 역시도 개인적인 경험을 투영해 얘기하자면, 내게 있어서 꿈의 문제는 고민 상담의 영역에 들어갈 수가 없었다. '꿈을 좇는다'는 것은 합리적이고 현명한 선택을 하는 것이 아니기 때문이다. 이것은 남들에겐 드러나기 힘든 마음의 영역이었다. 마음의 사그라지지 않는 간절한 열망을 꿈이라 부른다면, 그것은 그 어떤 잘난 이가 귀에 대고 설교를 하건 말건 난 이걸 꼭 하고 싶어, 하고야 말겠어, 먹고사니즘 따윈 몰라, 같은 부조리하기 짝이 없는 감정이었다. '요새 같은 팍팍한 세상에 아무 생각 없이 뛰어드는 건 무모하잖아요'라는 신중한 검토는 끼어들 틈이 없다. 결정은 오로지 그 열망을 품은 자가 조용히 고독하게 해야 했다.

주변인들의 얘기는 솔직히 아무런 참고가 될 수 없으니, 확신에 차서 옆에서 짚어주는 사람이 주변에 있다면 되레 신용하지 않는 편이 좋을 것 같았다. 그것은 그들 개인의 과거를 돌아본 감상적인 잘난 척일 뿐이니깐. 재능의 싹도 무시할 순 없지만 그 이전에 마음속 열망을 행동으로 옮길 의지력이 있는지, 그게 가장 중요했고 또 나는 궁금했다.

꿈을 이루게 하는 것은 집요한 집착, 이거 하나라고 생각했다. 사람이 뭔가에 집착하게 되면 그와 관련된 모든 것에 민감해진다. 그 꿈을 이룬 사람들의 기사만 봐도 속에서 울컥 질투심이 일고 가슴이 답답해졌고, 내가 가려는 길을 이미 경험한 이들과 조금이라도 접점을 찾으며 온갖 정보를 얻으려고 다양한 방법으로 손을 써보기도 했다. '꿈을 좇는 일'은 결코 합리적이고 현명한 선택이 아니었다. 어떤 결정을 해야 나중에 후회하지 않을까, 라는 보장성을 체크하는 것 자체가 무의미했다. '꿈 좇기'는 하지 않고서는 못 견딜 만큼 몸이 열망하는 수준이어야 한다. 꿈이란 내가 할 수 있는 모든 방법으로 몰입하는 사랑의 감정인 것이다.

나는 무언가를 이루고 성취하고 싶었을 때 집착과 몰입, 더불어 이미 그것을 이룬 사람들에 대한 질투심에 깊이 사로잡혀 있었는데, 그래서 그런지 자신의 꿈에 대해 나른하게 이야기하는 사람들을 보면 늘 불가사의했다. "너는 꿈을 꾸고 있다는 그 자체로 만족하는 거 아니야?"라고 찬물 끼얹는, 자상하지 못한 나였다.

꿈에 대한 얘기는 참 궁색함 없이 즐겁게 말할 수 있다. 꿈이니까. 하지만 그것을 '목표'라는 단어로 바꾸어 말해본다면? 목표는 구체적으로 달성해야 되는 현실이기 때문에 입에 올리면 마음이 즐겁긴커녕 무겁기만 하다. 때로 그들의 꿈은 돈벌이와 무관한 곳에 우아하게 놓여 있다. 사실 돈벌이와 무관해도 되는 운 좋은 처지라면 목표보다 꿈이라는 단어에 의지하기 쉬워질 것도 같다. 내가 제공할 수 있는 노동의 질이나 그 대가로 받는 돈을 냉정히 가늠하기보단, 그 일의 미의식이나 그 일을 통한 자아실현 가능성을 거론하는 것이 얼마나 즐겁고 좋을까. 그러나 내 야박한 마음으로는 그건 자기계발을 하고 싶어하는 것이지, 일을 하고 싶은 정신 상태가 아니라고 생각했다.

일에 있어서 미의식이나 자아실현을 너무 좋아하다 보면 자칫 '누가 알아주지 않아도 나 스스로 납득되면 돼'라는, 자기만족 중

시형 가치관으로 후퇴하기 쉽다. 생각대로 안 풀리면 '노력한 과정이 더 중요해'라며 첨언하기도 한다. 나름대로 훈훈하다면 훈훈한 가치관이지만, 글쎄다. 나는 납득이 안 되었다. 정정당당하지 못하다고 생각했다. 좋아하는 일을 내 일로 삼겠다고 마음먹은 이상, 그 일에 대해서는 최대한으로 성취하고자 하는 것이 정직한 마음 아닐까. 위로 코드의 자가 해석 성공 말고 본연의 의미의 성공 말이다. '나만 좋으면 돼' 정도로 자기만족에 그치는 게 아닌, 그 일을 잘해내고 타인으로부터 객관적인 인정도 받고 합당한 금전적 보상을 쟁취하는, 기분 째지는 그것 말이다.

좋아하는 일로 자신이 납득할 만한 성취를 이루어야만 좋아하는 일을 하는 의미가 살고, 깊은 충만감과 성취감을 느끼며, 자기 자신을 근본부터 뒤흔들고 변화시킬 수 있는 것 아닐까?

'다 필요 없고 소박하게 나만 좋으면 돼.'

'그냥 하기 싫은 것만 안 할 수 있다면 많은 것 안 바라.'

다시 말하지만 그것은 일이 아니라 자기계발의 영역이다. 쾌적하고 남들과 경쟁하거나 성낼 필요도 없고, 그 어떤 실망도 절망도 없는 나 혼자만의 안온한 세계. 최선을 다하거나 성실하게 노력하는 것도 자기 기준, 내키는 대로. 모든 판단의 기준이 자의적일 때는 '나에게 있어서 좋아하는 일을 하는 것'의 정의를 다시 내릴 필요가 있지 않을까. 우린 이제 스스로를 보호할 뿐만 아니라 직시할 수 있는 어른이니까.

더불어 조금 아프지만 재능의 문제도 얽혀 있다. '선천적 재능보다 후천적 노력이 더 중요해.' 이렇게 말하긴 쉬워도 재능이야말로 꿈을 향한 노력을 즐겁게 지속할 수 있는 핵심 역량임을 간과할 수 없다. '난 최선을 다하고 있고 지금 나한테 주어진 길은 이 길밖에 없으니 어쩔 수 없어'가 용기가 아니라 기초적인 재능이 있는지 없는지를 객관적인 경로로 확인하는 것이 용기라고 생각한다. 그 과정에서 자존심 상하고 비교당하는 것은 어쩔 수가 없다.

어쩌면 평가를 받거나 말거나 그 누구보다도 본인이 자신에 대해 이미 잘 알고 있는지도 모르겠다. 내가 가진 것이 아무것도 없다는 사실을 말이다. 그렇다고 그동안 꿈을 추구하는 데에 쏟은 노력이 억울하니 그냥 깨끗하게 포기하고 원점으로 되돌아가기는 싫고, 나한테 남은 것이 아무것도 없다는 게 드러나면 곤란하니 대안으로 '자아 찾기' 욕구만 강해진다. 그리고 질문이 많아지기 시작한다. '나는 과연 누구일까'라는 질문의 이면에는 지금의 내가 아닌 무언가 더 나은 다른 내가 있을 것이라는, 근거 없는 긍정의 화신이 어김없이 도사리고 있다.

'그 누구도 날 섣불리 판단해서는 안 돼.'

그 긍정은 배신당하기 쉽다. 그런데 자아를 찾기는커녕 애써 외면하고, 딱 내 수준이 객관화되는 어떤 조직에 들어가기보다는 뭔가 더 나은, 차별받지 않는, 상처 받고 비교당하지 않는, 특별하고도 자유로운 다른 내가 존재할 거라며 심리적으로 도피하려고 한다. 아직 나는 불투명한 '준비 중'이므로 가능성이 충만하다고 믿으며 '난 척박하게 나 자신을 잃거나 타협하며 살진 않을 거야'라는 감동 어린 다짐을 한다. 이는 가장 치열해질 수 있는 인생의 시기에 감수성이라는 미명하에 내 마음을 그때그때 나른하게 위로하면서 손쉽게 만족하는 것이다.

'남들은 저렇게 잘되고 있는데 왜 내 인생은 늘 이 모양 이 꼴일까요?'

'내 인생의 반전은 이대로 영원히 없는 걸까요?'

사람들은 이렇게 막막해하며 한숨을 쉬지만 성격이 못된 나는 '아유 뭘요, 님도 잘하고 계시잖아요'라고 입에 발린 위안의 말은 해주지 못한다. 그래서 솔직하게 말해줬다.

"음, 그 사람은 지난 십 년간 계속 이렇게 하려고 준비하고 노력해왔잖아요."

단순 구도로 남과 자신을 비교하며 자학한다는 것은 대개 자기 안에 뚜렷한 지향점이 없음을 의미했다. 그러다 보니 주변에 조금 더 나아 보이는 모든 이들을 시기하며 주눅 들어 있다.

사실 그 사람이 정말 '왜 나는 이 모양일까'라며 자신의 처지를 비관하고 있다고 생각하지 않았다. 그냥저냥 살 만하니까 그렇게 살고 있다고 생각했다. 사람들은 늘 지금 내가 처한 상황이 싫고, 벗어나고 싶다고 하면서 인생의 변화를 꿈꾸는 듯 보이지만 의외로 실천은 안 한다. 왜냐하면 '싫다, 싫다' 하는 그 상태를 사실은 아주 그렇게 싫어하는 건 아니기 때문이다. 정말 현재에 놓인 내 상황이 싫으면 무엇보다도 몸이 반응한다. 식욕이 떨어지고 수면장애를 일으켜서 급기야는 어디엔가 제대로 병이 터진다. 때로는 마음보다 몸이 훨씬 더 정직하다. 사실은 어느 정도 할 만하니까 큰 변화를 스스로 일으키지 않는 것이다. 모험하는 것보다는 안 하고 버티는 게 쉽다.

바라는 것을 얻기 위해서는 내가 변해야 하고, 그러기 위해서는 내가 무엇을 포기할 수 있는가를 본격적으로 물어야 하기 때문에 생각보다 쉽지가 않다. 심리적 거품을 다 걷어내고 꿈을 현실로 끌어내려 시작하겠다는 얘기니까. 이때 내가 무시했던, 내가 이미 가진 그것들을 포기할 수 없다는 생각만 든다면 역시 변하기는 힘들 것이다. 그래서 내가 포기할 수 있는 게 무엇인지를 아는 것이 나에 대해, 내가 추구할 수 있는 꿈에 대해 훨씬 더 많은 것을 깨닫게 해주었다.

이것은 내가 회사라는 닫힌 조직을 벗어나 한 명의 프리랜서로 일을 시작하면서, 열린 공간에서 목격하게 된 정말 다양한 '꿈 좇는 사람들'을 보며 느낀 개인적인 소감이다. 물론 이것은 어김없이 나 자신에게 적용되는 잣대이기도 했다. 현실을 직시해야 꿈을 품을 수 있고, 비관을 바탕에 두면서 낙관할 수 있기를 바랄 뿐이다. 그렇게 될 수만 있다면 '힐링'도 '독설'도 다행히, 의미를 상실하겠지.

행복한 가회동 길

 어느 청명한 가을 햇살이 따사로웠던 오후, 첫 소설집 계약서에 서명을 하러 가회동으로 향하고 있었다. 아주 오랜만의 외출에, 나부끼는 산들바람에 기분이 산뜻하고 좋았다. 높은 건물 하나 없는, 한옥이 이곳저곳 섞인 이 고풍스러운 동네에도 정이 갔다. 지하철역에서 나와 출판사를 향해 걸어가는데 훤칠하게 키 큰 남자가 개 두 마리와 산책하고 있었다. 그런데 그 남자가 내게 아는 척을 했다. 누구지, 하며 뿔테 안경을 끼고 야구 모자 푹 눌러쓴 얼굴을 올려다보니…….

 "루시드 폴 씨, 아니 여긴 웬일로……?"
 "경선 님은 여기 웬일이세요?"
 "출판사 가요. 이 근처 사시나 봐요. 애기들 산책시키러 나오셨구나."

"네……."

"자, 이만."

"그럼, 또."

몇 마디 나누고 걔들한테 인사하고 고이 보내드렸다. 아까웠다. 출판사 미팅만 아니었더라도…….

편애하는 뮤지션인 루시드 폴이 나를 먼저 알아봐줘서 참 기뻤다. 우연한 이 일이 책이 잘될 거라는 행운의 신호라고 제멋대로 믿고 싶었다. 왜냐하면 소설 초고를 쓰는 내내 루시드 폴의 노래를 닳고 닳도록 들었으니까.

•

막연히 소설을 한번 써봐야겠다고 생각했다. 글을 쓰고 싶어하는 사람들이 무시하고 지날 수 없는 지점이라 생각했으니까. 한데 소설 쓰기가 "세상에서 가장 비효율적인 일"이라고 짚었던 작가 무라카미 하루키의 말은 정확했다. 직설적이고, 상대적으로 짧은 글 위주로 써왔던 내게는 호흡이 훨씬 길고 우물을 더 깊게 파야 하는 소설 작업은 체력적으로도 고됐다. 주 단위로 돌아가는 연재 칼럼 마감을 바삐 끝내고 소설 작업에 착수할 때쯤이면 이미 기력과 집중력이 쇠한 상태라 생각은 계속 끊기고 호흡은 더없이 짧아지고 가슴은 답답했다. 내겐 변명거리가 필요했다.

때마침 독자로서 좋아하던 저널리스트이자 소설가인 고종석 선생님과 이메일 교신을 하다가 기회는 이때다, 싶었다.

역시 우리나라에서는 창작을 해야만 글쟁이로 더 인정을 해주는 걸까요? 소설에 한번 도전할까 하는데 이게 정말 제가 소설을 쓰고 싶어서 그런 건지 아니면 소설을 써야 인정해줄 것 같아서 그런 건지 혼란스럽습니다. 사람들은 재미없는 소설보다 재미있는 산문이 백배 낫다고 하지만 재미있는 소설과 재미있는 산문을 비교한다면 과연 어떨까요?

내가 아는 한 한국에서 최고의 산문과 칼럼을 쓰는 그가 나의 철없는 우문에 '산문을 잘 쓰는 것도 충분히 가치 있는 일이다. 장르에 우열은 없다'라고 해주길 내심 바랐다. 그런데 그는 그 질문에 대한 답변은 일절 안 하고 대신 다른 화제로 너스레를 떨었다. 마치 그 질문에 대한 해답은 스스로 알아서 찾아봐, 라는 듯. 그래서 나는 일단 써보고 스스로 답을 내릴 수밖에 없었다.

스티븐 킹의 공포 소설 『샤이닝』의 한 장면에 너무도 공감이 갔다. 눈보라에 파묻힌 한겨울, 문 닫은 무인 호텔 관리인으로 일하는 소설가 지망생인 중년 남자는 마음을 가다듬고 책상 앞에 앉아 타자기를 쳐보지만, 그가 열심히 타이핑하던 것은 다름 아닌 "All work and no play makes Jack a dull boy"의 무한 반복이었다. 글이 나오지 않아 고통스러운 것을 넘어서 피 말리며 미쳐가고 있었다. 가족의 생계를 위해 수락한 관리인 일이니 도망갈 수도 없고 현실이 비루하니 꿈은 좇아야겠고, 사방이 눈으로 가득해서 도망칠 수도 없다. 이렇게 자신의 자유를 구속한 가족도 짐처럼 보여 한없이 밉기만 하다. 전화도 불통이라 꼼짝없이 갇힌 신세, 그 절박한 좌절감은 그 안의 괴물을 끄집어내기에 이른다.

  쓴다고 시작을 해놨으니 어쨌든 써내야만 했다. 심기일전해도 과정이 험난하긴 마찬가지였다. 이제는 정말 피할 수 없는 벽이 내 앞을 떡하니 가로막고 있는 듯했다. 게다가 기세만은 늘 의기양양해 그 주 출연하던 라디오 방송에서 하필 디제이가 새해 계획을 묻는 바람에 엉겁결에 소설을 써보겠노라고 호언장담까지 한 터였다. 쓰다 보니 어휘력은 빈약했고 캐릭터 설정은 앞뒤가 안 맞았고 스토리 전개는 시들했다. 혼자만의 세계에서 허우적거리며 쓴 성 묘사는 다시 읽어보니 외설에 지나지 않아 스스로도 충격적이었다.

  도대체 몇 번이나 큰 틀을 바꿨는지 헛구역질이 날 지경이었다. 소설(이라고 불리기엔 한참 시답지 않은 그것)은 1인칭의 릴레이 장편으로 얼렁뚱땅 시작되었다가 한순간 공중분해되어 3인칭의 단편으로 변신한 후, 또 에잇 홧김에 잘게 썰어 콩트집이 되었다가,

마침내는 작위적인 설정을 모조리 걷어내고 기름기를 쫙 뺀 심플한 단편집으로 마무리되었다. 어깨에 지나치게 힘이 들어간 예전 버전들을 다시 꺼내 읽어보면 어떻게든 소설처럼 보이게 하려고 애쓴 흔적들이 적나라하게 드러나 부끄러워 딱 죽고 싶다.

이런 쪽의 일을 하려면 자신을 객관화할 수 있는 힘이 필요하다고 늘 역설해왔건만, 내가 직접 겪어보니 이건 일부러 불 속에 뛰어드는 것과 다를 바 없었다. 남편은 몇 번이고 한심하게 나를 쳐다보며 "넌 왜 사서 고생이니?"라고 말했다. 그러게, 대체 왜 이러고 있는 걸까요, 나도 나에게 묻고 싶었다.

그러나 그때 내가 할 수 있는 것은 그저 내가 할 수 있는 이야기를 내가 할 수 있는 방법으로 전달하는 것뿐이었다. 나는 언제나 더도 덜도 말고 사랑에 대한 이야기를 쓰고 싶었다. 마음의 짐을 내려놓으니 사랑을 바라보는 감촉과 시선도 확연히 편해졌다. 나는 사랑에 대해 남이 듣고 싶어하는 주제보다, 평소에 나를 더 감정적으로 개입하게 하던 주제들을 조망하며 즐거워했다. 설렘과 열정이 잠시 스쳐 지나간 후 이별이 찾아오기 전까지 그 자리에 머무는, 그 오랜 묵직한 시간들은 대체 누가 어떻게 처리해야 하는가의 문제 말이다. 더 혹은 덜 사랑한 자의 잔인함, 저열함, 치사함, 처연함, 무모함, 비루함 같은 결코 아름답다고 볼 수 없는 감정들에 더 깊이 끌렸다. 뒤끝이 심한 어두운 여자라 그랬던 것 같다. 여전히 '넌 진짜 나빠'라는 말이 이성으로부터 들을 수 있는 최고의 찬사라고 확신하고 있었으니까.

마침내 '소설을 써야 글쟁이로서 인정을 받는 건가요'라는 질문 대한 해답을 스스로 찾기 위해 시작한 프로젝트는 끝이 났다. 첫 소설이다 보니 여러모로 많이 부족했다. 어쩌면 그 상태로 출간하지 말았어야 할지도 모르겠다. 그럼에도, 마지막 원고를 넘길 때까지 최선을 다해 수정해야 하는 건 맞지만 어느 시점이 되면 그냥 무심하게 보내줘야 한다고 생각했다. 부모는 때가 되면, 품에 소중히 끼고 있던 자식의 손을 과감히 놔야만 한다. 일단 세상으로 내보내면 어미로부터 분리된 하나의 독립된 생명체로서 제 호흡 자연스레 찾아갈 테니.

그리고 나는 스스로에게 대답해줄 수 있었다. 소설이냐 산문이냐라는 질문은 더 이상 의미가 없었다. 이번 일을 겪어냈기에 이젠 별 의미 없는 질문이 되어버린 것이다. 다만 글쓰기를 멈추지 않는 한 글솜씨는 더 나아질 일만 남아 있다는 것, 앞으로도 어떤 형태로든 글을 써서 밥을 먹고 살아가리라는 다짐을 했다는 것, 여전히 나의 꿈은 '글을 잘 쓰는 사람이 되는 것'임을 확인했다는 것만 해도 충분히 납득할 만한, 스스로가 얻어낸 답이었다.

동문서답이지만 이 대답을 얻고 행복했다. 부족하고 미흡하나마 소설을 쓰길 참 잘했다고 생각했고, 소설이 산문보다 진짜 더 의미 있냐고 누가 내게 묻는다면 나 역시도 그것은 아직 잘 모르겠다. 다만 분명 소설을 쓴 다음 산문을 쓰면 조금은 더 입체적인 글을 쓸 수 있겠구나 하는 어렴풋한 감촉은 남았다.

•

가을에 계약하고 겨울과 봄을 거쳐 수정에 수정을 거듭해서 그 이듬해 초여름 첫 소설집이 세상에 나왔다. 출간 후, 삼청동의 어느 한옥 갤러리에서 수줍은 첫 독자와의 만남이 있었다. 여름비가 추적추적 내리던 날이었다. 갤러리의 조도는 무척 낮아서 촉촉하고 아늑한 분위기를 자아냈다. 스무 명 남짓한 독자들의 초롱초롱한 눈빛을 제외하고는 아무것도 보이지 않았다. 조용조용 사분사분. 한옥 지붕 기왓장에 부딪치는 빗소리만 거세지고 있었다.

나는 작품에 대해서 조곤조곤 부끄러워하며 이야기를 꺼냈고 앞에 얌전히 앉은, 내 책을 읽은 그들은 중간중간 고개를 끄덕이며 자애로운 미소를 보냈다. 이 사람들은 대체 어디서 온 누구길래 이런 따뜻한 시선을 주는 걸까? 박수 소리의 크기와 상관없이 우리는 서로에게 따스한 그림자를 드리우면서 조용히 친밀감을 나누고 있었다. 사람들은 내 글이 왜 좋은지를 꼼꼼히 설명하기보다 '말로 표현하기는 힘들지만 어쨌든 좋더라' 하고 자기 마음을 서툴고 수줍게 표현했다. 그런 소감이 나를 가장 행복하게 해준다는 것을 그들은 알까? 사람에게 소중한 건, 오히려 말로 표현하기 힘든 그 무엇일 테니까.

그들을 만난 후, 삼청동 돌담길을 따라 한아름 선물받은 꽃을 들고 한참을 걸었다. 비는 여전히 추적추적 내리고 있었고, 바람은 점점 거세져서 긴 머리는 산발이 되고 밖으로 빼 입은 흰 셔츠 안으로 자꾸 바람이 들어가 옷이 부풀어 올랐다. 검정 우산은 튕겨 날아갈 것만 같았다. 겨우 10시에 가까운 시간이었지만 고궁 앞 큰 길엔 인기척 하나 없었다. 가로수 아래 띄엄띄엄 설치된 가로등의 희미한 불빛만이 나와 함께했다. 택시들이 치익 지나가면서 물을 튀겼지만 그래도 조금 더 이 어두운 빗길을 혼자 걷고 싶었다.

누가 그때 '지금 행복하세요?'라고 내게 물었다면 아마 '복잡해요'라고 대답했을 것 같지만, 그 누구보다도 내가 복잡한 마음이야말로 귀한 마음임을 잘 알고 있었다.

에필로그

상냥한 상처

헤어짐을 몹시도 힘겨워하는 연인처럼 겨울이 끈질기게 나를 놔주지 않고 있을 때, 오긴 오는 걸까 싶은 봄을 기다리며 여느 하루처럼 묵묵히 집 앞 카페에 앉아 산문 원고를 수정하고 있었다. 글 안의 어두운 추억이 불현듯 나를 강하게 끌어당기자 갑자기 도쿄에 가고 싶어졌다. 마치 내 인생의 일부를 어떤 형식으로든 정리하려는 것처럼. 수정을 마무리한 다음 날 홀로 떠났다.

벚꽃 개화를 한 주 정도 앞둔 싱그러움이 시작되려는 계절이었다. 마지막으로 도쿄를 떠날 때는 휠체어를 타고서였는데, 그 이후 처음으로 홀몸으로 이곳에 왔고 두 발로 단단히 서 있었다.

짧은 주말 여행이었기에 공항에서 바로 이십여 년 전 다니던 학교로 향했다. 캠퍼스 한가운데에 있는 느티나무 가로수길에 우두

커니 서서 아직은 냉기를 머금은 봄바람을 느꼈다. 바람과 공기의 습도는 늘 그 계절에 내가 가지던 어떤 감정을 가장 정확하게 재생해냈다.

키가 훌쩍 자란 느티나무들과는 달리 우두커니 서 있는 내 앞으로는 여전히 키가 작고 뻣뻣하고 다분히 목적지향적인 표정의 입을 굳게 다문 학생들이 분주히 오갔다. 자신의 미래예상도를 머릿속에 확고히 그릴 작정이었지만 사실 내일 자신에게 벌어질 일 따위 무엇 하나 알지 못했던 그 시절의 나처럼. 학생식당 입구의 메뉴 견본 앞에는 지방에서 상경한 것처럼 보이는 검정 교복의 남자 고등학생 두 명이 서성이고 있었다. 아마도 대학 입시를 준비하면서 견학하러 왔다가 온 김에 행운을 기원하기 위해 대학 밥을 먹고 갈 요량이었던 것 같다. 얘들아, 행운을 빌어.

저 아이들처럼 인생의 확고한 목적이 있다는 결연함은 어떤 종류의 촉감일까? 그 느낌은 봄날의 아지랑이처럼 어느 날 내 손가락 사이로 홀연히 빠져나가고 말았다. 꿈이자 목표라고 생각했던 것은 한순간 부조리한 이유로 그 의미를 상실하기도 했다. 한 치의 흔들림 없이 확고하게 한 방향을 지향하기엔 당시의 나는 너무 자유로웠던 것일까. 자유라는 것은 불안의 다른 이름이었다.

아침에 천장 낮은 방의 비좁은 싱글 침대에서 눈이 떠지면 내가 그날 안에 반드시 해내야만 하는 일은 사실상 아무것도 없었다.

그것은 이를테면 완벽한 자유 같은 것인데 그 압도적인 막막함을 다룰 수 있는 힘이 당시의 나에겐 별로 없었던 것 같다. 내가 일본에 머물면서 싱글 침대 하나가 겨우 놓인 비좁은 비즈니스호텔에서 자기를 거부하는 이유는, 내가 그런 방에서 한동안 혼자 누워 어쩔 줄을 몰랐던, 그러다가 죽음의 문턱 앞에 서기도 했던 그 마비된 기억들 때문이다.

다음 날 아침, 한결 날씨가 포근했던 그날 나는 마치 범행 장소를 다시 찾는 범인의 심정으로 내가 홀로 누워 있던 3층 방 창문을 밖에서 유심히 올려다보고 있었다. 새로울 것도 없었다. 뭔가에 씐 것처럼 1994년 이래 도쿄에 갈 일이 있을 때마다 일행에서 빠져나와 JR오다큐선 기차를 타고 이즈미타마가와 역에 내려 타마가와 강 앞의 그 아파트를 보러 가곤 했으니까. 뭔가 특별한 일을 하는 것도 아니었다. 그저 역에 내려 상점가를 지나 내가 살던 집 앞을 서성이다 그대로 돌아가는 것을 반복했다.

그럼에도 처음 이곳을 다시 찾았을 때는 타마가와 강을 바라보며 풀밭 언덕에 털썩 주저앉아 한참을 넋 놓고 울었던 것 같다. 그 다음 방문 때는 찔끔 몇 방울 눈물이 나왔고, 그 다음엔 멍하니 앉아만 있다가 왔고, 또 그 다음엔 내가 여긴 왜 또 왔지 싶었고……. 이내 이곳을 다시 찾는 것이 지나치게 감상적이라는 생각이 들었다. 그것은 잃어버린 스물한 살, 삶이 꺾인 지점을 끊임없이 되찾으려 하는 무모한 몸부림이라는 생각이 들다가도 누구나 자기 안에서 끊어내고 싶은, 그럼에도 안쓰러워 자꾸 기웃거리게 되는 장소가 있지 않을까 싶어 마음이 원하는 대로 달래주기로 했다.

그곳을 나의 심리적 묘지라고 부르기엔 풍경이 너무도 아름답고 평화롭다는 것이 늘 문제이긴 했다. 아니면 찾아갈 때마다 날씨가 유난히 화창했던 것일까. 기분 좋은 햇살이 따스하게 온몸을 감쌌다. 꽤 오랜만에 가는 거라 천천히 마음의 준비를 하려고 일부러 각 기차역에 정차하는 완행열차를 골라 탔다. 그래도 기차가 움직이기 시작하자 기분 탓인지, 머릿속이 멍해지기 시작해서 이어폰을 귀에 꽂지 않을 수가 없었다.

손질이 안 된 거친 연초록색 풀밭이 깔린 타마가와 강기슭에 다다르자 인근 중학교 야구팀 까까머리 중학생들의 함성 소리가 들려왔다. 토요일에 부원들의 합동 훈련을 하는 모양이었다. 남색 유니폼에 흰색 야구 모자를 쓴 부원들의 일부는 야구 시범 경기를 하고 있었고 대기조들은 풀밭 위에서 도시락을 까먹고 있었다. 강가의 인도엔 조깅하는 사람들과 어린아이를 자전거 앞뒤에 태우고 달리는 젊은 부부들이 건강한 모습으로 바삐 오갔다. 창 너머로 을씨년스러운 기운을 주던 저 큰 버드나무도 더없이 부드러운 연두색 잎을 막 피우기 시작했다. 나는 여느 때처럼 잠시 앉아 있다가 에라 모르겠다, 풀밭 위에 그대로 덩그러니 누워 파란 하늘과 하얀

구름을 한참 바라다보았다.

'상처'라는 단어는 '나 바빠'라는 말만큼이나 내가 금기시하던 것이었다. 스스로를 과대하게 보는 자기중심성처럼 느껴져 민망했기 때문이다. 그럼에도 산문은 기본적으로 나 자신에 대한 이야기를 하는 것이다 보니 아무래도 상처에 대한 개인적인 이야기를 피해갈 수가 없었다. 그러면서 마치 내 상처나 불행(이라고 생각하는 그것)을 전시하거나 자랑하고 있는 게 아닌가 하는 의심이 들기도 했다. 표면적으로 보이는 나의 여건상 왠지 불평해서는 안 될 것 같다는 무리한 겸손도 작용했다. 하지만 내가 자신의 결핍을 정면으로 바라보거나 받아주지 않는다면 대체 이 세상에서 누가 그걸 받아줄 수 있단 말인가.

내가 가진 결핍과 상처의 맥을 조심스레 짚어가면서 나는 그것들이 나라는 여자를 더 정직하고 선명하게 만들어주었음을 알았다. 그것들은 나를 이루는, 나에게 소중한 가치들을 알려주는 핵이었다. 지금 내가 상처 입고 아픔을 느끼는 부분이 있다면 그곳이 바로 내 심장이 뛰고 있는 자리일 것이다. 상처를 받는다는 것은 어떤 예민한 감정이 건드려짐으로써 내 안에 원래부터 있던 단단한 무언가의 존재를 확인할 수 있다는 것이고, 그래서 그것들이 그 사람을 무엇보다도 그 사람답게 만들어준다는 생각이 들었다. 조금 더 운이 좋다면 상처와 결핍을 가진 타인을 이해하고 대가 없이 사랑할 수 있는 원시적인 힘을 줄지도 모르겠다. 이쯤 되면 상처는 지극히 인생에 상냥하다.

무엇을 겹겹이 쌓는지도 모르고 몸집을 위로 옆으로 그저 부풀리며 '성장'하는 사람들이 있는가 하면, 어떤 사람들은 상처 입고 피 흘리고 까지고 끊임없이 새살을 만들어내며 자신이 온전히 있어야 할 제자리에서 '재생'한다. 자신이 놓인 그 자리에서 그렇게 시큰하도록 선명하고 투명해져만 간다. 평생 어린아이의 마음으로, 수줍은 자신감으로, 스스로를 재생하며 살아간다.

나는 그런 어른으로 살고 싶다고 생각했다. 그러려면 나의 재생력을 앞으로도 계속 믿는 수밖엔 없었지만, 고막이 터져나갈 것 같은 중학교 야구부 부원들의 우렁찬 고함 소리에 아마도 난 당분간은 괜찮을 거라는 생각이 자연스레 들었다.

처음으로 그곳에서 빙긋 웃었다.